RECUEIL DE MÉMOIRES SUR LA CULTURE ET LE ROUISSAGE DU CHANVRE,

ET SUR LES MOYENS DE PRÉVENIR LES INCONVÉNIENS DES ROUTOIRS,

Couronnés ou approuvés par la Société Royale d'Agriculture de Lyon ;

CONTENANT,

1°. Le Mémoire qui a remporté le prix, par M. l'Abbé Rozier.

2°. Le Mémoire qui a obtenu l'*Accessit*, par M. Prozet.

3°. Un Mémoire qui a mérité les éloges de la Société Royale.

4°. Des Instructions Familieres sur le même objet, à l'usage des Gens de la Campagne, par M le Chevalier de Perthuis de la même Société.

A LYON,

Chez les FRERES PERISSE, Imprimeurs-Libraires, rue Merciere.

A PARIS,

Chez PERISSE le jeune, Libraire, sur le Pont Saint-Michel, au Soleil d'or.

AVEC PRIVILEGE DU ROI.

1787.

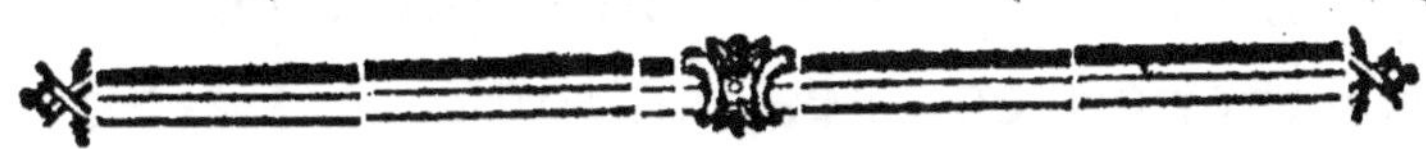

AVIS.

La Société Royale d'Agriculture de Lyon avoit proposé en 1782, pour sujet du prix à distribuer au mois de Mai 1783, les questions suivantes.

1°. *Quelle est la vraie théorie du rouissage du Chanvre?*

2°. *Quels sont les meilleurs moyens d'en perfectionner la pratique, soit que l'opération s'en fasse dans l'eau ou en plein air?*

3°. *Quels sont les cas où l'une de ces opérations est préférable à l'autre?*

4°. *Y auroit-il quelque maniere de prévenir l'odeur désagréable, & les effets nuisibles du rouissage dans l'eau?*

Aucun des Mémoires envoyés au concours ne satisfit pleinement la Société, & même plusieurs Concurrens se plaignirent de ce que le Programme leur étant parvenu trop tard, il leur avoit été impossible d'appuyer leurs principes sur des expériences assez multipliées. La Société fit donc publier de nouveau le même Programme en 1784, & fixa l'époque de rigueur pour la réception des Mémoires, au mois de Mars 1785.

En conséquence le prix fut décerné le 12 Août 1785, & proclamé dans l'Assemblée publique de la Société, tenue le 5 Janvier 1787.

La Société Royale avoit reçu de M. le Chevalier de Perthuis, un de ses Associés, des Instructions Familieres sur le Chanvre, à l'usage des Gens de la Campagne; la clarté & la précision de cet Ouvrage ont déterminé à lui donner une place dans ce Recueil.

TABLE.

ESSAIS sur la culture & le rouissage du Chanvre, par M. l'Abbé ROZIER.

PREMIERE PARTIE.

SECONDE PARTIE.

TROISIEME PARTIE.

FIN de la Table.

PRIVILEGE GÉNÉRAL.

N°. 1290.

LOUIS, PAR LA GRACE DE DIEU, ROI DE FRANCE ET DE NAVARRE : A nos Amés & Féaux Conseillers, les Gens tenant nos Cours de Parlement, Maîtres des Requêtes ordinaires de notre Hôtel, Grand Conseil, Prévôt de Paris, Baillis, Sénéchaux, leurs Lieutenans Civils, & autres nos Justiciers qu'il appartiendra : SALUT. Nos amés LES FRERES PERISSE, Imprimeurs & Libraires à Lyon, nous ont fait exposer qu'ils desireroient faire imprimer & donner au Public un *Recueil de Mémoires sur la Culture & le Rouissage du Chanvre, & sur les Moyens de prévenir les inconvéniens des Routoirs, couronnés ou approuvés par la Société Royale d'Agriculture de Lyon*, s'il nous plaisoit leur accorder nos Lettres de Privilege pour ce nécessaires. A CES CAUSES, voulant favorablement traiter les Exposans, nous leur avons permis & permettons par ces Présentes, de faire imprimer ledit Ouvrage autant de fois que bon leur semblera; de le vendre, faire vendre & débiter par tout notre Royaume, pendant le temps de *dix années* consécutives, à compter de la date des Présentes. Faisons défenses à tous Imprimeurs, Libraires, & autres personnes de quelque qualité & condition qu'elles soient, d'en introduire d'impression étrangere dans aucun lieu de notre obéissance; comme aussi d'imprimer, vendre, faire vendre, débiter ni contrefaire ledit Ouvrage, sous quelque prétexte que ce puisse être, sans la permission expresse & par écrit desdits Exposans, leurs hoirs ou ayant causes, à peine de saisie & de confiscation des Exemplaires contrefaits, de six mille livres d'amende, qui ne pourra être modérée, pour la premiere fois; de pareille amende & de déchéance d'état en cas de récidive, & de tous dépens, dommages & intérêts, conformément à l'Arrêt du Conseil du 30 Août 1777, concernant les Contrefaçons. A la charge que ces Présentes seront enregistrées tout au long sur le Registre de la Communauté des Imprimeurs & Libraires de Paris, dans trois mois de la date d'icelles; que l'impression dudit Ouvrage sera faite dans notre Royaume & non ailleurs, en beau papier & beaux caracteres, conformément aux Réglemens de la Librairie, à peine de déchéance du présent Privilege; qu'avant de l'exposer

ESSAIS
SUR
LA CULTURE
ET LE ROUISSAGE
DU CHANVRE.

PREMIERE PARTIE.

De la culture du Chanvre, & des procédés déja connus pour le faire rouir.

LA Société d'Agriculture de Lyon, donne le ſignal; elle veut qu'une théorie approfondie devienne le flambeau de cette antique ſcience, où les erreurs ſe propagent pendant des ſiecles, & où les vérités ſont toujours vacillantes. On citera peu d'exemples que des cultivateurs ordinaires aient ſimplifié ou perfectionné des méthodes ou des procédés. On doit preſque toujours les innovations utiles à des perſonnes étrangeres à la profeſſion du Cultivateur; mais qui chériſſent l'Agriculture, qui l'examinent avec attention, & qui joignent à leurs connoiſſances l'habitude de la méditation. C'eſt à leurs ſoins, à leur zele & à leur patience qu'on a été redevable de cette eſpece d'émulation qui ſe ſoutint ſous le dernier regne, & qui s'eſt trop tôt ralentie pour l'intérêt de l'Etat; elle renaîtra ſans doute, ſi on accorde à l'Agriculture, *liberté* & *protection*, & aux Agronomes érudits, des encouragemens, & même des récompenſes proportionnées à leurs travaux, ou qui les mettent dans le cas de les ſuivre avec un plus grand ſuccès. C'eſt ainſi qu'en pluſieurs Etats d'Italie, en Pologne, en Suede, en Ruſſie, &c. ces hommes précieux ſont accueillis & protégés.

Ce que le Gouvernement de France vient d'exécuter, relativement à l'Académie des Inſcriptions & Belles-Lettres, eſt ſans doute un eſſai de ce qu'il ſe propoſe de faire auprès de toutes les Sociétés ſavantes qui lui ſont ſoumiſes; elles ſont prêtes à séconder ses vues ; & la Société Royale d'Agriculture de Lyon a prouvé, depuis le premier jour de son établissement, combien elle desiroit d'être utile, par les moyens qu'elle a pris pour le devenir. L'importance des programmes qu'elle publie est le garant de cette vérité, ainsi que ses occupations habituelles.

Son cri de bienfaisance est parvenu jusques dans ma retraite ; j'ai dit, devançons la suite des expériences que j'ai commencées, & qui doivent trouver leur place dans un ouvrage qui m'occupe, & tâchons de répondre à ses vues au dessus de la portée du simple cultivateur.

On a reconnu de tout temps en France, combien la culture du chanvre étoit avantageuse à ce Royaume, mais son importance n'a jamais mieux été sentie que dans la derniere guerre maritime ; les pays du Nord ont échangé à gros intérêts notre numéraire contre leur chanvre.

Les besoins urgens sont disparus, & peut-être a-t-on déja oublié qu'ils ont existé, ou qu'ils sont prêts à renaître. Outre ces besoins accidentels, il faut compter pour beaucoup l'augmentation prodigieuse du luxe, en fil, toile, linge de toute espece, & la consommation journaliere pour les cables, cordes & voilure de la marine. En 1783, on en a employé plus de quatre cent millions de livres pesant, & beaucoup plus du tiers a été tiré de l'Etranger.

La culture du chanvre seroit bien plus florissante en France, si elle y avoit toujours été protégée. En 1686 & en 1722, la sortie de nos chanvres fut rigoureusement défendue; dès-lors sa culture fut abandonnée à un tel point, & le chanvre devint si rare, que le Gouvernement fut obligé en 1749, de supprimer le droit d'entrée sur tous les chanvres venant de l'Etranger. Cette nouvelle loi acheva de décourager le cultivateur, parce qu'il ne put plus soutenir la concurrence. Les nouveaux Etats d'Amérique ont mieux connu leurs véritables intérêts; ils viennent d'accorder une prime de gratification au chanvre qu'on exportera de chez eux. Cet exemple suivi en France, n'y produiroit-il pas le plus grand bien? ou si les besoins du Royaume s'opposent à l'exportation, une récompense accordée aux Cultivateurs qui auroient semé en chanvre une certaine étendue de terrein, ne seroit-elle pas un véhicule bien puisſant, & capable d'en augmenter & même d'en doubler la culture?

On ne manquera pas d'objecter qu'elle préjudiciera ou diminuera celle des grains. Dès-lors l'allarme devient générale, quoique la France récolte, année ordinaire, près du double plus de bled qu'elle n'en conſomme. Mais que répondront ces politiques & ces ſpéculateurs de cabinet, lorſqu'on leur dira : *la terre qui porte du chanvre cette année, ſeroit reſtée en jachere; & quoique cultivée en chanvre, elle donnera l'année ſuivante une plus belle récolte en bled, que ſi elle étoit reſtée en jachere?* Voilà une vérité fondamentale, & reconnue de tous les vrais Agriculteurs.

Si chacun ſe met à cultiver du chanvre, le Gouvernement, dira-t-on, ne ſauroit prévoir à combien s'élevera la ſomme des gratifications. Eh, tant mieux! la richeſſe du Gouvernement eſt dans le bien-être des individus qui le compoſent. D'ailleurs, ces gratifications, ſous un nom, ou ſous un autre, ne retourneront-elles pas toujours au tréſor royal, qui, ſemblable à la mer, raſſemble les eaux par torrens, par rivieres, & les diſtribue enſuite ſur le continent en pluies, en brouillards, &c & c'eſt de cette circulation, plus ou moins active d'un côté ou de l'autre que réſulte l'aiſance du propriétaire des champs. Il eſt bien plutôt à craindre que la gratification accordée ne ſoit un prétexte pour augmenter enſuite le poids des impoſitions ſur la perſonne gratifiée; enſuite le payſan doutera s'il doit la recevoir; il la refuſera même, comme il a refuſé les mûriers que le Gouvernement lui offroit de prendre dans les pépinieres royales, de peur d'être mis à la taille en raiſon du cadeau.

La France produit le meilleur chanvre connu: je dis le *meilleur*, pour la qualité, mais non pas le plus long. Ce n'eſt pas dans la longueur que conſiſte la bonté, c'eſt dans le nerf & la fineſſe, même pour les cables du plus gros calibre. C'eſt ſans doute cet avantage local qui a fait négliger en France les perfections que l'art pouvoit lui donner. Les Hollandois, les Suiſſes, à force de recherches, ſont parvenus à une ſupériorité dans la préparation de leurs chanvres, que nous n'avons égalé que par des eſſais en petit, & qui n'ont été ni encouragés ni recompenſés; cependant l'intérêt national exige que la révolution devienne générale, puisque nos voisins sont supérieurs à nous, & ont atteints à la perfection, même avec des matieres moins bonnes que les nôtres. Puissent ces idées, inspirées par le zele d'un citoyen, produire le changement qu'il desire! puissé-je voir cette précieuse culture acquérir la considération qu'elle mérite, & atteindre à sa perfection! alors j'aurai la satisfaction de dire, j'ai été utile à la patrie.

Nisi utile est quod facimus stulta est gloria.
Phæd. lib. 3, fabul. 17.

CHAPITRE PREMIER.

De la culture du Chanvre.

SECTION PREMIERE.

Description de la plante.

LES fleurs mâles & les fleurs femelles sont portées sur des pieds différens; c'est-à-dire que sur un pied, on ne trouve que des fleurs mâles, improprement appellées *stériles*, & sur l'autre, des fleurs nommées *fécondes*, parce que la graine ou la semence paroît après leur floraison.

La *fleur mâle* est composée de cinq

étamines renfermées dans un calice divisé en cinq folioles oblongues, aiguës, obtuses, concaves. Les étamines sont cette partie dans laquelle est renfermée cette poussiere jaune qui doit féconder les fleurs femelles; le vent, l'élasticité de l'espece d'outre où elle est contenue, peut-être l'attraction, portent ce principe vivifiant (lorsqu'elle s'ouvre) sur les parties sexuelles de la fleur femelle, & la graine est fécondée. Sans cette maniere de fécondation, la graine récoltée, seroit en vain semée de nouveau, elle ne germeroit point. Aussi la nature très-attentive, & dont le but est la reproduction des especes, a plus multiplié dans le chanvre & dans les plantes qui lui sont analogues, cette poussiere d'où dépend la fécondation. Une seule plante à fleurs mâles, suffit pour féconder un très-grand nombre de pieds à fleurs femelles.

Fleur femelle : elle differe visiblement de la premiere, en ce qu'elle n'a qu'un pistil au lieu de cinq étamines; le sommet de ce pistil est la partie qui reçoit la poussiere fécondante, & va animer l'embryon contenu dans un calice d'une seule piece, oblong, aigu, & qui recele la graine jusqu'à son entiere maturité.

Dans le langage vulgaire, on a très-mal-à-propos confondu ces deux dénominations. On a appellé *plante mâle*, celle qui porte la graine, & *femelle* celle qui porte véritablement & uniquement les fleurs mâles. Il eſt bon de prévenir une fois pour toutes, que nous déſignerons par plante *femelle*, celle qui fournit la graine, & par plante *mâle*, celle qui la féconde.

Fruit : ſemence ronde, recouverte par une coque qui s'ouvre en deux parties & renferme une amande.

Feuilles, portées ſur de petites queues, ordinairement découpées en cinq folioles ; ſur la plante mâle, les trois ſupérieures ſont en forme de fer de lance, dentées en maniere de ſcie tout autour, les deux inférieures plus entieres & plus petites. La plante femelle a ſes folioles plus petites & dentées.

Racine, ligneuſe, en forme de fuſeau, peu fibreuſe, blanche.

Port : la hauteur de la tige varie en France, depuis quatre juſqu'à huit à dix pieds, ſuivant les terreins, les ſaiſons, la maniere dont la graine eſt ſemée. Elle eſt rude au toucher, velue, quarrée, creuſe, articulée, ayant des entre-nœuds plus ou moins longs ; ſa hauteur moyenne eſt de cinq pieds, ſa groſſeur eſt environ de ſix lignes de diametre vers le collet de la racine. On en voit en Ruſſie & dans le Nord, de deux pouces de diametre. L'écorce de la tige eſt ce qui forme enſuite la teille ou filaſſe, lorſqu'on l'a ſéparée de la chenevotte, ou partie ligneuſe, après avoir fait ſubir le rouiſſage de la plante entiere.

Fleurs, naiſſent au ſommet entre les aiſſelles des feuilles Les fleurs femelles ſont raſſemblées & forment avec les feuilles une eſpece de houppe, & les fleurs mâles ſont diſpoſées en grappes le long des tiges; les feuilles ſont alternativement placées.

Lieu : le chanvre eſt originaire des Indes. Il ſeroit vraiment naturaliſé en France, s'il ne craignoit pas autant les gelées.

Propriétés économiques : la graine engraiſſe la volaille; donnée ſeule, elle l'échauffe beaucoup; donnée en petite quantité, elle hâte le beſoin de couver.

De la graine on extrait une huile qu'on peut employer dans la préparation des alimens, quand on n'en a pas d'autre; cependant elle ſeroit excellente & très-douce, ſi on trouvoit un moyen, avant l'expreſſion, de ſéparer l'amande de la coque. On s'en ſert communément pour brûler, & dans la peinture. Le marc eſt une bonne nourriture pour les cochons ; mais en petite quantité, ſans quoi leur lard ſeroit moins ferme.

Propriétés médicales : Les feuilles ont une odeur nauſéabonde, forte, pénétrante, ſemblable à celle de l'opium. Elles ſont ameres & âcres au goût ; l'amande eſt douce ; la plante eſt narcotique & réſolutive ; avec les feuilles écraſées on compoſe des cataplaſmes très-réſolutifs.

SECTION SECONDE.

Du ſol que le Chanvre demande, & des travaux préparatoires.

LE chanvre a une racine pivotante, en forme de fuſeau & peu fibreuſe ; il lui faut donc eſſentiellement une terre douce & qui ait du fond, en quoi il differe des plantes à racines fibreuſes, comme les fromentacées, auxquelles la nourriture qu'elles trouvent à ſix pouces au deſſous de la ſuperficie du champ, eſt ſuffiſante : d'ailleurs il eſt démontré que les fromentacées abſorbent de l'athmoſphere une très-grande partie des sucs nécessaires à leur végétation ; le chanvre au contraire, est peu feuillé, excepté vers son sommet, lorsqu'il est semé pour en avoir la filasse. D'après l'inspection & la forme des racines des plantes, il est très-aisé de reconnoître la culture qu'elles exigent.

Toute espece de terre convient au chanvre, lorsqu'elle a du fond ; cependant cette assertion est trop générale, & par conséquent elle exige plusieurs modifications. Il y a une préférence à donner aux terres entr'elles ; celles qui sont noires ou brunes, qui sont un peu argilleuses, qui conservent un peu d'humidité ; celles qui sont formées par des sables & mêlées d'argille & tourbes ; celles où l'on voit verser le froment ; enfin les terres micacées, bien mixtionnées avec de la marne, vaudront mieux que celles qui seront grises, seches, légeres, graveleuses, marneuses, purement sablonneuses, en quartiers tuffeux & crayeux. Les terres formées par les débris graniteux, quartzeux, ou volcaniques, la pouzzolane, ou les terres martiales, sont les plus mauvaises ; cependant si on y multiplie les engrais, soit végétaux, soit animaux, on en tirera encore un très-bon parti.

Dans le voisinage des villes, des bourgs & des gros villages, il est facile d'établir une coutume que j'ai vue suivre dans plusieurs endroits du Royaume. C'est de céder des champs pendant l'année de jacheres ou de repos, à de petits cultivateurs, à condition qu'ils les fumeront largement & les travailleront de même.

Le chanvre ne reste gueres plus de quatre mois en terre, & quoiqu'il absorbe une partie de l'engrais, il en reste toujours assez pour fertiliser le bled que l'on récolte dans l'année suivante.

Ce seroit un grand abus de céder une trop vaste étendue de terrein, sans avoir auparavant pris connoissance de la quantité & de la qualité du fumier que le preneur peut y mettre. On doit préférer le fumier qui provient des atteliers de cordonniers, de tanneurs, de tailleurs, &c., par les débris de leurs ouvrages. Ces substances animales se conservent plus longtemps en terre, & l'on reconnoît visiblement leurs bons effets pendant le cours de l'année suivante.

Cette cession de la jouissance momentanée d'un champ, en pur don, paroît une acte de bienfaisance à l'égard de l'artiſan ; mais il en réſulte également un vrai produit pour le propriétaire, puiſque ſon champ eſt vigoureuſement travaillé & amendé ; après la levée du chanvre, il ne lui reſte plus qu'à labourer & à ſemer.

J'ai dit plus haut que la racine du chanvre étoit pivotante & peu fibreuſe ; donc elle n'a pas abſorbé les ſucs nourriciers diſſéminés dans la ſuperficie du ſol ; les bleds doivent donç en profiter : d'ailleurs, il faut encore obſerver que les débris des feuilles de cette plante reſtés ſur le champ, lui préparent un nouvel engrais ; enfin, qu'aucune plante n'éloigne plus les inſectes, & n'étouffe plus les plantes paraſites de nos champs que le chanvre.

Le moyen que je propoſe ſeroit petit à la vérité, pour une métairie d'une vaſte étendue ; mais ne doit-on pas compter pour beaucoup, l'avantage qu'en retire cet ouvrier ; il a de quoi faire des chemiſes à ſes enfans. Cette charité coûte ſi peu, & elle tourne même ſi fort à l'avantage du propriétaire, qu'il ne ſauroit regarder cette ceſſion comme une charité. J'avoue que ſi j'habitois un pays où il fût poſſible de cultiver le chanvre, je ne balancerois pas à diſtribuer par parcelles tous mes champs à bled : quand les propriétaires entendront-ils leurs véritables intérêts ? & puiſſe, pour le ſoulagement des malheureux, cette coutume bienfaiſante s'étendre dans tout le Royaume !

Les chenevieres aiment les terres voiſines des étangs, des marais, des foſſés profonds, & qui conſervent l'humidité ; celui des ſources, des ruiſſeaux, des rivieres ou des ſaignées que l'on pourroit y faire, des lieux nouvellement deſſéchés, & ſur-tout les terres à prés. Ce n'eſt pas que le chanvre demande à être noyé, au contraire, l'aquoſité, ou la trop grande humidité lui nuit beaucoup ; effet dont on doit juger par la forme de ſa racine. Auſſi toute terre qui n'eſt pas franche à la profondeur d'un pied, ne doit pas être ſemée en chanvre, ſur-tout ſi elle eſt en pente, avec un fond de ſable ou de gravier, ou de roc, qui accélerent la ſéchereſſe pendant l'été ; cependant ſi l'on peut tirer parti de quelques ſources ou paſſages d'eau dans la partie ſupérieure aux pentes, alors cet acceſſoire corrigera la défectuoſité du ſol.

La différence des ſols indique les différentes eſpeces d'engrais qu'ils demandent. Par exemple les fonds où l'argille domine plus que les autres principes terreux, veut avoir des fumiers chauds, pas tout-à-fait consommés, comme ceux de mouton, de chevre, d'âne, de volaille; & ces fumiers doivent être répandus au dernier labour d'hiver, ou d'entre hiver. Les engrais les plus légers & les plus consommés seront destinés aux bonnes terres légeres, & enterrés par le labour qui précede les semailles. De ces deux points donnés, on peut modifier leur emploi pour les fonds dont la qualité s'en rapproche ou s'en éloigne. Vouloir qu'on prescrive pour chaque nature de champs, l'engrais & la quantité qui lui sont convenables, c'est demander la chose impossible. On ne trouvera pas dans le même canton, deux champs parfaitement égaux; tout ce que l'on peut dire, c'est que la quantité d'engrais bien fusés, bien consommés ne nuit jamais, si le sol conserve assez d'humidité, naturellement, ou par art. Enfin si la secheresse empêche la prospérité du chanvre, le bled qui viendra après, s'en trouvera beaucoup mieux.

Quand & comment faut-il labourer les champs destinés au chanvre? c'est le cas de dire avec la Fontaine, *travaillez toujours*

toujours, c'est le fond qui manque le moins. La même culture, les mêmes labours qui conviennent au froment conviennent au chanvre. Un labour bien & profondément fait, & croisé avant l'hiver, est très-utile. La neige, la gelée & le dégel, sont les meilleurs laboureurs que je connoisse : aucune charrue ne divise mieux la terre, & cette division extrême est nécessaire pour le semis du chanvre. Quant aux labours de préparation après l'hiver, on ne doit jamais les donner, lorsque la terre est trop humide ou trop seche ; dans ce cas, la charrue souleve la terre en mottes, qu'on a grande peine à diviser par la suite. Si le temps & la saison pressent, il convient de passer la herse après chaque labour, & de labourer de nouveau & légérement par dessus.

Ces observations s'appliquent sur-tout aux terrains compacts & serrés, & qui sont les moins propres à une bonne cheneviere.

SECTION TROISIEME.

Du choix de la graine, du semis, & de l'époque à laquelle il doit être fait.

§. I.

Du choix de la graine.

LA graine de chanvre, ayant une tendance singuliere à la rancidité, la meilleure est celle qui n'a qu'une année : pour peu que la coque qui enveloppe l'amande soit endommagée, pour peu que la fermentation existe dans le monceau de graines, soit parce qu'elle a été serrée avant d'être assez séchée, soit par l'humidité du local où on l'a déposée, elle rancit, & dès-lors elle ne germe plus. Pour se convaincre de sa qualité, il faut prendre sans choix quelques graines dans le monceau, les porter à la bouche, & avec les dents de devant, diviser la coque sans la mâcher, en séparer avec la langue la petite amande qu'elle contient, enfin mâcher cette amande dont la saveur doit être a peu près celle de la noisette. La coque contient une huile essentielle âcre qui communique ſon goût & ſon odeur à l'amande lorſqu'on les mâche enſemble. Si la graine eſt bonne, ſon amande eſt douce ; ſi elle a fermenté, ſa ſaveur eſt déteſtable.

Toute graine dont l'écorce eſt de couleur blanche ou vert-pâle, eſt vuide en dedans, ou ſon amande eſt mal nourrie, ou avortée, ou décompoſée dans ſes principes ; ſi l'écorce eſt luiſante, ſi ſa couleur tire ſur le brun, il eſt à préſumer que la coque eſt pleine & la graine bonne à ſemer. Si en la frottant légérement entre les mains, elle ne ne ſe briſe pas, ſi l'écorce devient plus nette, plus luiſante, c'eſt un bon ſigne. De toutes les épreuves, la plus ſûre eſt celle de la maſtication d'un certain nombre de graines priſes au haſard.

Le chenevis à préférer à tout autre eſt celui des plantes qui ont végété ſur un bon champ bien amandé, mais ſurtout celui du chanvre qui aura été ſemé exprès pour la graine, ainſi qu'il ſera dit ci-après, en indiquant les précautions néceſſaires pour ſa bonne exſication.

§. II.

Des semis de la graine de chanvre.

EN France on n'a pas la louable coutume des Anglois & des Hollandois ; lorsqu'ils sement, c'est pour récolter le chanvre destiné à produire la filasse, & ils séparent aux époques convenables les pieds mâles des pieds femelles. Imitons l'exemple de nos voisins, nous aurons une plus belle graine pour ensemencer nos champs, & le surplus servira à l'exportation chez l'Etranger, tout au moins à la nourriture des oiseaux de voliere ou de basse-cour.

Le cultivateur françois doit se proposer d'avoir de la très-belle graine & du très-beau chanvre.

Pour se procurer une graine excellente, il convient de sacrifier une certaine étendue de terrain, & de semer très-clair. A mesure que la graine sortira de terre, qu'elle croîtra, que la plante sera assurée, ne laissez qu'une seule tige sur une espace d'un pied, de maniere qu'il se trouve en tout sens, un pied de distance d'une tige à l'autre, & vous les laisserez parfaitement mûrir. Ces tiges isolées prospérent à vue d'œil ; & si le sol a été préparé, s'il a les conditions énoncées ci-dessus, le chanvre que l'on en retirera sera très-long & grossier.

On conseille, dans le Journal économique, de semer une certaine quantité de graines de chanvre dans un champ destiné à la culture des haricots ; le chanvre en grandissant, leur tiendra lieu de rames ; les haricots exigent d'être travaillés de temps à autre, le chanvre profitera de ces petits labours. Comme je n'ai pas répété cette expérience, je ne puis prononcer & l'admettre pour sûre, d'après un Auteur anonyme ; d'autant qu'il reste un doute. L'odeur du chanvre très-forte, très-désagréable, ne se communiquera-t-elle pas aux haricots. les raisins s'impregnent de l'odeur du souci, d'aristoloche qui croissent dans les vignes, & le vin qui en provient, est empreint de ces odeurs & de ces saveurs. En outre, le haricot, s'entortillant autour des tiges de chanvre, ne les serrera-t-il pas un peu trop, ne nuira-t-il pas à leur bonne végétation ?

Un préjugé très-mal fondé fait que dans les corderies en grand, on donne la préférence au chanvre, dont les teilles ſont longues & groſſieres, ſur celui dont les teilles ſont plus courtes & plus fines; mais des expériences répétées cent & cent fois, ont prouvé qu'un brin de chanvre fin eſt plus ſouple, & ſur-tout plus ſort (proportion gardée) que celui du chanvre groſſier.

Lorſque pour la vente, on eſt obligé de ſe conformer à ce préjugé, il faut ſemer plus clair que lorſque l'on veut obtenir des teilles plus fines; cependant, il convient, pour le mieux, de ſemer aſſez épais dans ces deux cas, parce que la graine trop enterrée ne germe pas, & que d'ailleurs il faut ſuppléer à celle dont le germe eſt détruit. Les clarieres ou places vuides dans une cheneviere lui préjudicient beaucoup: la maſſe totale des tiges ne s'éleve plus à la même hauteur; celles qui ſont à la circonférence de la clariere ſurpaſſent les autres en hauteur, en groſſeur, en branches; elles donnent un chanvre moins fin, & affament les tiges voiſines. La tranſplantation de quelques plantes ſurnuméraires regarnira les places vuides, mais il faut enlever doucement chaque pied, & conſerver la terre de ſes racines, afin qu'il reprenne mieux, & que pour ainſi dire il ne s'apperçoive pas d'avoir changé de place. Si l'on a la facilité de se procurer de l'eau, on arrosera aussi-tôt, ou on choisira un jour pluvieux pour cette opération.

Avant de semer, il est essentiel de passer la herse à plusieurs reprises, afin de régaler le terrain, & de briser les mottes le plus qu'il est possible : le sol ainsi préparé, on seme à la volée comme pour le bled. Je ne parle pas de ces semoirs si prônés, il y a vingt-cinq ans, aujourd'hui rélégués sous des hangards; ils ont eu le sort de toutes les *machines* que l'on a confiées à des paysans : d'ailleurs, cette recherche de perfection devient inutile; lorsque la maniere de semer est simple & bonne; il n'en coûte qu'un peu plus de semences.

Après avoir semé ou hersé de nouveau à plusieurs reprises, si la herse ne suffisoit pas, il faudroit employer le rateau, ou avoir recours aux femmes & aux enfans pour diviser les mottes avec des petits maillets de bois à longs manches. Le point essentiel est que la semence soit bien recouverte & peu enterrée; si des graines restent sur le sol, elles attirent une multitude d'oiseaux, qui, après les avoir dévorées, grattent le terrain & découvrent les autres graines. Ce n'eſt pas le ſeul cas où les oiſeaux ſoient nuiſibles ; à meſure que la graine germe, ſes deux lobes ſortent de terre, afin d'ouvrir le paſſage à la plantule, & ce moment devient le plus à redouter. Le ſeul moyen capable de les écarter eſt de multiplier les *phantômes*, mais ſurtout de les *changer de place chaque jour* ; enfin, de les habiller de *couleur différente*. Un phantôme ſédentaire les épouvante pendant le premier & le ſecond jour ; au troiſieme, ils y ſont ſi accoutumés, qu'ils viennent ſe repoſer ſur ſes épaules, & de-là ſe précipiter dans le champ.

Il eſt conſtant que ſi toutes les graines ſemées germoient & proſpéroient, la cheneviere ſeroit trop garnie, & les tiges n'auroient à peu près en groſſeur que celle du lin. Il eſt donc indiſpenſable de débaraſſer le ſol, des plantes ſurnuméraires, & de ſarcler rigoureuſement, ſi l'on ne veut pas que les mauvaiſes herbes gagnent ſur le chanvre dans les premiers jours de ſa végétation ; cette époque paſſée, le chanvre devient leur deſtructeur le plus aſſuré, il les étouffe par ſon ombre.

Lorsque les tiges commencent à avoir quatre, cinq à six pouces de hauteur, on enleve par un premier sarclage une partie des pieds trop serrés, & ce sarclage est plus ou moins multiplié, suivant la destination de la teille de ce chanvre. S'agit-il de la grosse toilerie, ou de la fabrique des cables, des cordes, &c., on laisse une distance de huit à dix pouces entre chaque pied ; s'agit-il de fils fins & soyeux, quatre ou cinq pouces de distance suffisent. Quelquefois ce dernier chanvre reste verd, quoique mûr, mais il donne plus de filasse, qui est foible à la vérité, si l'été est pluvieux.

Les proportions de distances que je viens d'indiquer, sont bonnes malgré leur généralité; cependant elles doivent un peu varier, suivant la nature du sol, du climat, & les circonstances que le propriétaire doit connoître, & qu'il m'est impossible de caractériser. Regle générale, plus les tiges sont rapprochées & plus elles sont grêles & molles; mais aussi, plus les fils que l'on en retire sont fins. Si l'on seme clair, les tiges sont plus grosses, plus hautes, plus ligneuses, & les teilles plus longues & grossieres. Le but qu'on se proposé, décide donc, si l'on doit laisser beaucoup ou peu de tiges sur une espace de terrain.

§. III.

De l'époque du semis.

ETABLIR une époque déterminée pour le semis, ce seroit induire en erreur; elle doit varier d'un climat à l'autre: par exemple, on doit semer plutôt, dans les plaines & cantons abrités du Lyonnois, que sur les sols élevés de cette Province, ou en Champagne, en Flandres, en Picardie, en Artois: le retour de la chaleur dans ces Provinces n'y est pas aussi prompt, ni son intensité aussi forte: dès-lors l'époque du semis doit être différente, suivant les climats; elle doit l'être encore relativement à la constitution de la saison. S'il y a un point fixe pour semer, c'est celui où, selon toute apparence, on ne craint plus l'effet des gelées. Dans chaque canton, dans chaque Village, l'époque est à-peu-près déterminée au jour de la Fête de tel ou tel Saint, & l'expérience a prouvé assez bien qu'elle l'étoit dans un temps favorable, sans quoi elle n'auroit pas passé en proverbe : j'aime mieux cette désignation d'époque, que celle qui est prise de la nouvelle ou pleine lune de Mars, d'Avril, &c. Cette nouvelle ou pleine lune varie d'année en année, & peut être trente-trois jours, plutôt ou plus tard; plutôt, on craint encore les gelées; plus tard, la chaleur précipite trop la végétation de la plante. On peut cependant dire en général, qu'on trouve du premier au trente Avril l'époque convenable à la majeure partie du Royaume, & que celle du mois d'Octobre convient aux cantons des Provinces méridionales où l'on ne redoute pas les gelées de l'hiver; on doit y semer le chanvre comme le lin. Etudions la maniere d'être du climat dans lequel nous vivons : voilà la regle la plus sûre.

L'expérience a prouvé qu'il valoit mieux semer plutôt que plus tard, au risque de perdre sa semence & leurs jeunes plantes par la gelée. Je conviens qu'il y a perte de travail & perte de semence, mais on gagne sur la saison, & les plantes n'étant pas pressées par la chaleur, filent, s'élevent plus, & donnent de la plus belle filasse, lorsqu'elles évitent les gelées.

C'est une calamité très-grande dans

le pays, lorſque le froid fait périr la ſemence ; alors on eſt aux expédiens, ſon prix double & triple, & ſouvent on ne trouve plus que des graines de médiocre ou de mauvaiſe qualité. Le propriétaire intelligent met à part le double de ſemences pour le beſoin. Si la ſaiſon rend ſa précaution ſuperflue, il en eſt quitte pour vendre ſa graine ſurnuméraire, ou bien il la garde, & s'en ſert pour nourrir ſa volaille.

Si lorſque l'époque de ſemer eſt venue, on prévoit que l'on ne tardera pas à avoir de la pluie, il faut faire ceſſer tous les autres travaux de la métairie, afin d'accélérer, autant que faire ſe pourra, les préparations, les ſemis, les herſages, &c. &c. ſi le ciel eſt couvert de brouillards, de petites bruines, c'eſt encore un moment propice ; la germination de la graine ſera prompte, & ſouvent de ce début dépend la proſpérité de la récolte entiere. Si le printemps & l'été ſont pluvieux, le chanvre ſemé en terrain léger & qui retient peu l'eau, ſera magnifique, & il ſera étique & maigre dans les ſols où l'argille dominera : ce ſera le contraire, ſi ces deux ſaiſons ſont ſeches.

Le célebre Toaldo a eu juſqu'à un certain point raiſon de dire, *annus fructificat, non terra.* La plante nouvellement pouſſée, aime les pluies douces & chaudes, & elle redoute ces averſes, ces orages qui jettent l'eau à profuſion, & dont la chûte preſſe & ſerre la terre.

Fixer définitivement la quantité de ſemences qu'on doit répandre ſur un arpent, n'eſt pas choſe aiſée : ou diſons mieux ; toute regle en ce genre ſeroit abuſive, puiſque cette quantité dépend de la qualité de la graine, de la maniere d'être du climat, & des principes conſtituans du ſol. Cependant on peut dire par approximation, qu'un ſeptier de ſemence ſuffit par arpent, meſure de Paris, & que ſa production eſt de ſept à neuf cent livres de filaſſe, & ſouvent d'un tiers de plus dans les terres bonnes & bien amendées. Cette filaſſe vaut de ſix à quinze ſous la livre, ſuivant ſa qualité, & on a en ſus l'étoupe & la graine de chenevis ; la filaſſe triple ſa valeur, lorſqu'elle eſt ſupérieurement travaillée. J'ai vu, en Friſe, payer juſqu'à vingt-quatre livres la ſeule filature d'une livre de chanvre peigné & préparé.

Après qu'on a ſarclé & ſupprimé les pieds ſurnuméraires, il faut attendre la maturité sans autres soins, à moins qu'on n'ait la facilité de faire entrer l'eau dans la cheneviere, suivant le besoin. Ces irrigations ne produisent jamais d'effets aussi avantageux que les pluies venues à propos; celles-ci humectent la terre comme les premieres, & sur-tout elles couvrent d'une humidité salutaire les feuilles & les tiges; lorsque la pluie est cessée, la force de la végétation est surprenante, ainsi que sa forte transpiration par la chaleur.

SECTION QUATRIEME.

Des époques auxquelles on doit arracher le Chanvre, & de la maniere d'en récolter la graine.

§. I.

Du Chanvre mâle.

CHAQUE plante végete, d'après la loi qui lui est prescrite par l'Auteur de tous les Êtres, & d'après cette loi, la plante subsiste jusqu'à ce qu'elle ait rempli le but pour lequel elle étoit destinée. C'est ainsi que la feuille subsiste sur un arbre, (toutes choses d'ailleurs égales,) jusqu'à ce que le bouton ait atteint ſa perfection & ſoit en état de devenir *bourgeon* l'année ſuivante ; alors la ſinovie qui nourriſſoit l'articulation de la feuille avec l'arbre, ſe deſſeche, la feuille ne reçoit plus de nourriture & tombe ; enfin elle a rempli ſa loi. Le chanvre mâle, ou chanvre *à fleurs* exiſte pour vivifier les embryons portés par les fleurs femelles ou plantes *à graines*. Lorſque la fécondation eſt achevée ſa tache eſt remplie, & il ne tarde pas à ſécher ſur pied, tandis que la plante femelle ſubſiſtera & végétera environ trois ſemaines de plus, & même pendant un mois, ou ſix ſemaines, ſuivant le climat & la ſaiſon, parce qu'elle doit nourrir & laiſſer aux graines le temps d'acquérir leur pleine croiſſance & leur entiere perfection.

La plante de chanvre mâle doit donc de toute néceſſité être ce que nous appellons *mûre*, plutôt que la plante femelle. Cette maturité eſt due dans les plantes annuelles à la ſouſtraction de la ſeve, & cette ſouſtraction, au manque des reſſources pour rétablir ſon aſcenſion, que poſſedent les plantes vivaces. Il ſeroit ici ſuperflu de ſuivre les cauſes de ces différences ; il ſuffit de ſavoir qu'à meſure que les tiges de chanvre mâle approchent de leur maturité, leur belle couleur verte pâlit peu-à-peu, jaunit, & ſe changeroit enfin en une couleur brune, tirant ſur le noir, ſi on les laiſſoit long-temps ſur pied. Les feuilles peu-à-peu s'inclinent, jauniſſent, ſe flétriſſent enfin, & la plante a rempli ſa deſtination.

On ſent fort bien que l'époque de cette maturité varie ſuivant le climat dans les différentes Provinces du Royaume, & ſuivant l'époque à laquelle on a fait le ſemis; on peut cependant dire en général, que le chanvre mâle eſt mûr à la mi-Août. Heureuſes ſont les Provinces où l'époque de la maturité eſt devancée! on aura plus de temps pour le bien rouir, moins d'accidens à redouter, un meilleur rouiſſage, & la terre pourra donner d'autres productions.

Lorſque le chanvre mâle eſt mûr, on l'arrache de terre ſans endommager les plantes à graines; on raſſemble en faiſceaux un certain nombre de tiges, environ une bonne braſſée, & on aſſujettit ce faiſceau communément par deux liens faits avec les mêmes tiges, l'un près du haut & l'autre près des racines: il vaudroit encore mieux leur en donner

ner un troisieme, dont on connoîtra l'avantage, lorsqu'on mettra ou sortira les faisceaux du routoir ; cette petite précaution épargnera beaucoup d'embarras.

Une coutume très-préjudiciable s'est établie dans plusieurs de nos Provinces. Dès que le chanvre mâle est mûr, on récolte en même-temps le chanvre femelle. Pourquoi contrarier ainsi le vœu de la nature ! Après cela, comment avoir un bon rouissage pour des plantes mêlées ensemble & si différentes, quant à la maturité & à la perfection de l'écorce ? C'est plutôt fait, dira-t-on, & plus économique. Il n'y a aucune réponse pour ceux qui aiment si fort à expédier le travail, en le faisant mal ; cependant s'ils prenoient la peine de réfléchir sur leurs intérêts, ils ne tiendroient pas ce langage. Je mets en fait, que revenir une seconde fois sur le champ pour arracher les pieds à graines, n'occasionnera pas une dépense surnuméraire de plus de trois livres sur un champ d'une étendue donnée, tandis que la détérioration que la filasse éprouvera, ainsi que son très-grand déchet en étoupe, équivaudra à un quart de la valeur du total de la récolte. Cette expérience de comparaison est trop saillante pour qu'il soit nécessaire d'insister sur cet objet.

Section seconde.

Du Chanvre femelle, pour la graine.

Les caracteres dont on vient de parler, indiqueront le temps de la maturité de la plante femelle; blancheur près de la racine, couleur fauve des tiges, feuilles jaunes & flétries, la semence bien formée & visible dans quelques enveloppes. La perfection & la maturité des graines ne sont pas égales dans toutes sur le même pied; sur-tout, si dans le temps de la fleuraison il est survenu des pluies ou des vent froids; alors la fleuraison est suspendue, & le temps nécessaire à la perfection de la graine suit cette intermittence. Outre ces retards accidentels, les fleurs qui se succedent, ne paroissent jamais au même jour, & celles des houppes inférieures sont plus précoces que celles des supérieures, &c.

D'après ce détail, on voit combien il est essentiel de récolter, d'arracher les plantes femelles avec soin & sans secousses, afin que la graine la plus mûre ne tombe pas sur le sol, en pure perte. Le bon économe couvre une portion du champ avec des draps, des toiles destinés à recevoir les tiges à mesure qu'on les arrache. Si la pauvreté du Cultivateur ne lui permet pas de faire usage de ces toiles, qu'il applanisse alors & régale une portion du champ comme une aire à battre le bled, & il ne perdra point de graines; ou bien qu'il récolte les tiges de grand matin & à la rosée, & les porte près de la grange, afin de les y exposer au gros soleil & dans un lieu propre, au moment même de leur arrivée. L'humidité de la rosée renfle le calice & y retient la graine. Mais s'il laissoit ces tiges accumulées, l'humidité ne se dissiperoit pas, & la graine en souffriroit.

Je n'aime point la méthode de laisser sur la lisiere du champ une bordure plus ou moins large de plantes femelles; il en résulte plusieurs inconvéniens. Ces tiges mal défendues à cause du petit nombre des tiges voisines, sont agitées par les vents, & à mesure que les graines mûrissent, sur-tout s'il fait chaud, la majeure partie s'échappe de son calice. De plus, si avant la premiere maturité des graines, il survient un orage, un coup de vent violent, les tiges en sont pliées, coudées, la végétation interrompue, & la graine mûrit mal, ou ne mûrit point du tout. Tous les oiseaux à bec rond & court, comme les moineaux, les verdiers, pinçons, linots, &c., se jettent en foule sur les tiges, & à mesure que la graine mûrit, elle est dévorée: elle le sera également, il est vrai, en laissant tous les pieds femelles sur le champ; mais comme leur nombre sera très-considérable, on ne s'appercevra pas si aisément de sa perte. Le chanvre, dira-t-on, n'appartient-il pas aux oiseaux comme à l'homme? leur disputerons-nous jusqu'au petit fruit de l'aubepin qui rougit sur les haies & les buissons: il est dans l'ordre naturel que chaque individu vive; laissons en donc un peu pour eux, & que le surplus soit pour nous, c'est dans l'ordre: sans doute, mais ne leur abandonnons pas tout-à-fait la semence sur laquelle nous avons compté.

Soit que le chenevis ait été semé uniquement pour en retirer la graine, plus belle ou meilleure, soit qu'on ait laissé végéter tous les pieds femelles jusqu'à leur maturité, ou enfin qu'on se soit contenté d'en avoir une lisiere sur les bords du champ, il est important de ne pas hâter leur dessiccation au soleil, afin que les tiges ne soient pas trop seches, lorsqu'on les mettra au routoir.

Dès que les plantes femelles ont été apportées près de la grange, on les étend par rangées sur des toiles, au moins leurs têtes; on les expose au gros soleil, & on les retourne plusieurs fois dans la journée, on les range en javelles le soir, après avoir battu & sécoué leurs têtes. Le lendemain elles sont étendues de nouveau, battues, retournées, reliées, & ainsi de suite, jusqu'à ce qu'on ait retiré toute la bonne graine. Si les toiles manquent, elles seront suppléées, en plaçant les tiges contre un mur, & en observant les mêmes procédés.

La graine tombée sur les toiles, ou sur l'aire dans le champ, ainsi que celle qui aura été recueillie près de la grange, doivent rester au soleil pendant plusieurs jours, & être vannées, à mesure qu'on les retire par le battage ou autrement, afin de les débarrasser des calices qui les enveloppoient, des feuilles qui y sont mêlées, enfin de tout corps étranger. Sans cette précaution, les immondices attirent & conservent l'humidité de l'air, & la communiquent à la graine. Chaque ſoir & avant la chûte de la roſée, la graine doit être miſe à l'abri ou ſur le lieu même, recouverte avec des toiles, ou dans un grenier où regne un libre courant d'air, capable de diſſiper l'humidité, ayant ſoin de fermer ſes portes & ſes fenêtres, lorſqu'il y a des brouillards, & pendant les longues pluies.

Il eſt aiſé de conclure, d'après ce qui vient d'être dit, combien eſt abuſive une méthode ſuivie dans pluſieurs cantons du Royaume. On y ouvre une foſſe circulaire, & on range tout autour les gerbes de chanvre, de maniere que la tête des tiges couvre la foſſe. Lorſque tout le chanvre eſt ainſi rangé ſur une ou ſur pluſieurs foſſes, on recouvre avec la terre tirée de la foſſe, la partie des gerbes qui la couvrent. L'eau de végétation encore contenue dans la plante, échauffée par le ſoleil, ainſi que la vapeur qui s'éleve du fond de la foſſe, entre en fermentation, le calice s'ouvre, laiſſe échapper la graine; enfin elle tombe dans la foſſe. Sans parler de l'inégalité de la deſſiccation de la partie de la tige expoſée à l'air, & de celle recouverte de terre, il eſt clair & démontré que la fermentation s'établit, que la chaleur humide augmente, qu'elle agit fortement ſur la graine, dont la coque eſt encore tendre; enfin qu'on raſſemble ainſi tous les moyens pour la diſpoſer à acquérir promptement la rancidité, ſi elle n'eſt pas déja rance avant de la tirer de la foſſe. Que ſera-ce donc, s'il ſurvient des pluies, ſi ces têtes ſont obligées de reſter plus long-temps enfouïes qu'on ne le comptoit? Le même inconvénient a lieu, lorſqu'on laiſſe trop long-temps les gerbes amoncelées les unes ſur les autres. Le meilleur & le plus clair expédient, lorſqu'on veut avoir de la bonne graine, eſt donc d'éparpiller les tiges, afin que le chenevis ſe ſeche & tombe le plus promptement poſſible. On objectera qu'à cette époque il peut ſurvenir des pluies, des occupations plus preſſées: mais alors l'on fait comme l'on peut, en s'écartant le moins qu'il eſt poſſible des loix de la nature. On doit ſonger à deux choſes, 1°. à avoir de la bonne graine; 2°. à ne pas laiſſer ſecher plus que de raiſon les tiges, afin d'en retirer une meilleure filaſſe. Celui qui ne veut rien perdre, peut ne laiſſer que les têtes expoſées au ſoleïl, & couvrir d'une maniere quelconque le reſte des tiges.

La récolte du chanvre faite en deux temps, a encore plusieurs avantages, outre ceux dont on a parlé. Ayant une moins grande masse à faire rouir, on prépare plus commodément, & sur-tout moins à la hâte les routoirs. Si ceux-ci ne sont pas assez spacieux pour tout le chanvre arraché, on sera obligé d'attendre qu'ils soient libres, & le gluten de la plante qui aura été desséchée par le soleil sera plus difficile à dissoudre, lorsqu'on la mettra dans l'eau. S'il survient des pluies sur ce chanvre surnuméraire, sa qualité en sera altérée; si on le ferme en grange, ou en meule, il noircit. C'est une des grandes causes du peu de qualité des tiges à graines, que l'on a conservées pour les en retirer, que celle de ne pas les faire rouir, lorsqu'elles sont fraîchement arrachées. Il est constant que la filasse de la plante mâle est plus douce, plus fine que celle de la plante femelle; c'est encore un motif qui doit déterminer l'Agriculteur à séparer ces deux especes, afin qu'elles soient travaillées & ouvrées à part.

CHAPITRE SECOND.

Des manieres connues de faire rouir le Chanvre.

SECTION PREMIERE.

Du rouiſſage à l'air.

LA diſette d'eau, l'éloignement des rivieres, des ruiſſeaux, ont réveillé l'induſtrie de l'homme; il s'eſt fait une méthode qui équivaut en partie au rouiſſage à l'eau, dont il ſera queſtion ci-après. Le rouiſſage à l'air eſt peut-être la premiere méthode dont l'homme ſe ſoit ſervi, puiſqu'elle eſt plus ſimple que l'autre.

Il y a pluſieurs moyens de rouir à l'air, & tous ont leur inconvénient. Le premier conſiſte à placer contre un mur les faiſceaux à meſure qu'on les amene du champ, de les délier & étendre, afin que chaque tige ſoit frappée des rayons du ſoleil, & jouiſſe des influences de l'athmoſphere. On ſent bien que ſi la récolte eſt abondante, l'eſpace manque bientôt. Alors on a recours au ſecond moyen, qui eſt de placer les tiges contre des buiſſons : dans le premier cas, les plantes reçoivent mieux les rayons du ſoleil, parce qu'ils ne ſont pas coupés, ou interrompus par les courans d'air qui ont lieu dans les buiſſons. Auprès de ceux-ci, elles ſont plutôt deſſéchées que rouïes, puiſque le courant d'air réuni à la chaleur, augmente l'évaporation & hâte trop la deſſiccation. La troiſieme méthode eſt de coucher les tiges ſur terre, & encore mieux ſur un pré nouvellement fauché. Les roſées y ſont plus fortes, & il y a par conſéquent plus d'humidité qui pénetre le gluten : mais s'il ſurvient des pluies un peu fortes, la terre qu'elles font éclabouſſer ſur les tiges, entachent la filaſſe, ſur-tout ſi la terre eſt un peu ferrugineuſe. Ces taches ne diſparoiſſent qu'à la longue & diminuent la valeur du prix de la filaſſe. Si les pluies ſont continues, de longue durée, il arrive ſouvent que la filaſſe en eſt très-détériorée, noircie & de peu de valeur. Quelque ſoit la méthode que l'on ſuive, il faut au moins deux fois chaque jour retourner ces tiges, afin que les agens de l'athmoſphere travaillent également ſur elles ; on les retourne le matin & le ſoir, & ſi l'on peut les arroſer dans la ſécheresse, c'eſt encore mieux.

Le grand & eſſentiel défaut de ces préparations, eſt que le gluten n'éprouve pas une bonne fermentation, & encore je ne ſais s'il en éprouve aucune. Tout ce que l'on voit évidemment, ce ſont des diſſolutions & des deſſications renouvellées par les roſées, les petites pluies, les arroſemens ou irrigations ; la fraîcheur humide des prés ou de la terre pendant la nuit, l'exſiccation enfin, & la chaleur alternative de l'air & du ſoleil pendant le jour. Ces mouvemens durent & ſont répétés pendant long-temps, puiſqu'il faut ſouvent plus d'un mois pour opérér ce rouiſſage. Le gluten de la plante peut en être diſſous, entraîné & atténüé tant bien que mal, ſuivant les circonſtances plus ou moins favorables.

Si ces plantes éprouvent quelques légeres améliorations, elles doivent cet avantage au gaz acide contenu dans l'air athmoſphérique, dont on connoît la grande puiſſance pour ronger, détruire & changer les couleurs végétales. L'action des roſées qui ſont également & en abondance, chargées de cet acide, produit la diſſolution du gluten (1). C'eſt ainſi que l'on diſſout la partie colorante, réſineuſe, graſſe, ou huileuſe, de la cire jaune, lorſqu'on la fait blanchir, ce qui la rend auſſi moins inflammable; c'eſt ainſi que l'on fait blanchir la ſoie, qui devient naturellement blanche comme celle de Nankin, c'eſt ainſi qu'on l'obtient naturellement blanche dans nos climats, en faiſant travailler le ver en plein air ſur des mûriers à grand vent, ou en eſpalier; enfin c'eſt ainſi que ces agens blanchiſſent les fils & les toiles : ils réuniſſent à l'avantage des diſſolutions aqueuſes, celle des acides.

Pour connoître quand le chanvre eſt aſſez roui, le Cultivateur prendra chaque jour une tige & la caſſera par le milieu; ſi la filaſſe ſe détache facilement d'un bout à l'autre, c'eſt une preuve que le chanvre eſt bien roui.

Il y a encore une autre méthode de rouir ſur la prairie nouvellement fauchée; on y étend le chanvre, & on le laiſſe pendant la nuit ſeulement; l'opération commence au moment du coucher du

(1) Nous examinerons par la ſuite quels ſont les principes de ce gluten.

ſoleil. Le lendemain, avant que le ſoleil paroiſſe, & pendant que le chanvre eſt chargé de roſée, on l'enleve complettement, on l'amoncelle dans un même tas, qui eſt auſſi-tôt entiérement recouvert avec de la paille. Dès que le ſoleil va ſe coucher, on diviſe le monceau, on éparpille le chanvre comme la premiere fois, & ainſi de ſuite, juſqu'à ce qu'il ſoit parfaitement roui.

Il eſt aiſé de voir que la mouillure cauſée par la roſée, outre le gaz acide qu'elle contient, pénetre le gluten des tiges; que les tiges amoncelées enſuite, doivent éprouver une plus forte fermentation que par les méthodes indiquées ci-deſſus, puiſqu'on s'oppoſe ainſi à l'évaporation d'une grande partie de cette humidité, par la paille dont on couvre le monceau. Ce moyen plus coûteux par la main d'œuvre, eſt cependant à préférer aux trois autres, lorſqu'on veut obtenir une belle & bonne filaſſe; mais ſon grand défaut vient de ce que cette fermentation ſi néceſſaire eſt interrompue pendant le jour.

SECTION SECONDE.

Du rouissage par la gelée.

ON a proposé de rouir par la gelée; mais en décrire le procédé, c'est en montrer les inconvéniens. La filasse que j'ai vue, ainsi retirée, avoit de la blancheur, de la finesse, & formoit de belles toiles, mais d'un blanc mat; le fil en étoit sans nerf, la toile foible & cotoneuse. Le procédé consiste à soumettre à l'action de la gelée, du chanvre bien mouillé, & que l'on avoit conservé sec depuis la récolte sans être roui. Cette opération ne peut être regardée comme un rouissage; c'est une simple division mécanique de parties, sans dissolution physique, & qui se fait uniquement par la propriété que la glace a d'occuper plus de volume que l'eau, de briser ou distendre les vases qui la contiennent. Certainement la fibre du chanvre ou filasse, est vraiement divisée par ce moyen, mais la division n'a pas lieu uniquement entre une fibre & l'autre, il se fait une extension dans sa continuité même. Lorsque la plante vient ensuite à dégeler, à être séchée à l'air, ou au haloir, la filasse abandonne assez mal sa chenevotte, la résine (1) n'a pas pu être dissoute par le *medium* gommeux, parce qu'elle n'a éprouvé ni dissolution, ni fermentation; la gomme subit une dissolution, mais elle reprend consistance en séchant. La filasse que l'on retire ainsi est comme vernie, c'est ce qui lui donne de l'éclat, & sa *dureté*, qu'on appelle *force*, s'évanouit avec le vernis. Le blanchiment des toiles préparées avec ce fil, exige des lessives plus fortes, plus réitérées, & étant laissées plus de temps sur le pré pour les blanchir, leur éclat se dissipe avec le vernis.

Si cet essai eût réussi, il est constant que tout autre rouissage auroit été superflu, & qu'on auroit préféré celui par la gelée, lors même qu'on ne l'eût appliqué qu'à la filasse, si elle n'en avoit pas été affoiblie. Ce n'est pas le défaut de dégommage qui avoit nécessité de multiplier les opérations dans la blanchisserie; mais la gomme du chanvre est comme la gomme adragant, difficile à dissoudre lorsqu'elle est seche, étant l'une & l'au-

(1) Son existence sera prouvée par la suite.

tre abondante en résine, elle prend une couleur très-foncée dans son exsiccation. C'est pourquoi, lorsque la pluie, ou des débordemens, ou d'autres circonstances, forcent de fermer le chanvre pour ne le rouir qu'au printemps, il brunit, & cette couleur plus foncée ne peut lui être enlevée par cette opération, ni même en eau courante. Ces chanvres colorés sont toujours inférieurs en prix, à cause de l'augmentation de dépense exigée par un plus long blanchiment. D'ailleurs, soit que l'on conserve les plantes en grange ou en meules, elles retiennent & attirent l'humidité comme un hygrometre, ainsi que beaucoup d'autres plantes, & cette humidité nuit essentiellement à la bonne qualité de la filasse; néanmoins dans cette méthode on est forcé de conserver le chanvre jusqu'aux gelées. L'action destructive de la gelée sur les cordages est si connue dans la marine, que l'on y multiplie le plus que l'on peut l'usage des cordes de spart, dont le vernis naturel de chaque brin les garantit assez bien contre l'action de l'eau & de la gelée.

SECTION TROISIEME.

Du Rouissage à l'eau.

DOIT-ON faire rouir dans l'eau courante, ou dans l'eau dormante ; laquelle de ces deux méthodes est la plus avantageuse ? Personne n'a encore donné la solution de ce problême : on a tâtonné, on a roulé autour du point de la question ; mais l'incertitude n'en subsiste pas moins encore, parce qu'on n'a pas assez connu le véritable principe, d'après lequel il convenoit de partir.

M. Du Hamel, dont l'autorité est d'un si grand poids en agriculture, paroît donner la préférence au rouissage dans l'eau croupissante, parce que, dit-il, la filasse en devient plus douce ; M. Marcandier, à qui l'on doit un bon Traité sur la culture du chanvre, préfere l'eau la plus belle & la plus claire, sur-tout celles des rivieres, parce que le chanvre, dit-il, en est plus blanc, mieux conditionné, qu'il donne moins de déchet, enfin qu'il en sort moins de poussiere au battage. On sait que cette poussiere affecte cruellement les ouvriers occupés à ce genre de travail, & qu'elle attaque la poitrine. Il ſuffit d'entrer dans un moulin de battage pour s'en convaincre : cette pouſſiere prend auſſi-tôt à la gorge, & l'on eſt obligé de ſortir fatigué par une toux cruelle & opiniâtre.

La Société d'Agriculture de Bretagne, s'eſt beaucoup occupée de la culture & de la préparation du chanvre; voici ce qui eſt réſulté de ſes travaux, & comment s'explique un de ſes membres très-expérimenté.

“ Dans les années froides & pluvieuſes, la plante doit être foible & plus herbacée; dans les années ſeches, le chanvre doit être plus fort, mais en même-temps plus ligneux. Pourquoi ſe flatter que les mêmes eaux appliquées à des productions ſi différentes, produiront un effet auſſi avantageux ſur les unes que ſur les autres ? „

« Pour écarter toute incertitude à cet égard, on a fait arracher du chanvre dans différens endroits de la Province, & on l'a pris en différens états. L'un avoit été recueilli avant la maturité, l'autre dans le temps de la maturité même, & le troiſieme, pluſieurs jours après. Chacun des paquets des trois eſpeces de chanvre, fut diviſé en deux parties égales, dont l'une fut mise à rouir dans l'eau courante & l'autre dans l'eau dormante; ils furent ensuite peignés avec un très-grand soin, & examinés avec la plus scrupuleuse attention par une personne qui connoît parfaitement les défauts & les bonnes qualités de cette matiere. „

“ 1°. On a remarqué une différence sensible entre le chanvre arraché dans les trois états dont on a parlé ; 2°. tous ceux qui ont rouis dans des eaux courantes, sont sans comparaison plus blancs que ceux de même qualité qu'on a rouis dans des eaux dormantes; 3°. les paquets arrachés avant la maturité, sont ceux qui ont acquis le plus haut dégré de blancheur ; 4°. les chanvres les plus blancs ont donné moins de déchet total, en rassemblant celui de chaque préparation en particulier ; mais ceux qui avoient roui dans des eaux dormantes, ont fourni une plus grande quantité de premier brin, & les grands déchets n'ont porté que sur des préparations inférieures; 5°. les chanvres qu'on avoit jugé les meilleurs & les plus beaux avant d'être peignés, ne se sont pas toujours soutenus dans l'opération du Peigneur. Ceux qu'on avoit d'abord regardés comme médiocres &

même inférieurs, se sont trouvés les plus beaux & les meilleurs après avoir été peignés. „ Ces expériences sont importantes pour la toilerie & la corderie.

De ces observations, passons à la manipulation du rouissage.

Rouissage à l'eau dormante : Plusieurs personnes sont intimément & très-mal-à-propos persuadées qu'on doit couper les têtes & les racines des tiges avant ou après en avoir fait des faisceaux de dix à douze pouces de circonférence : mais nous indiquerons dans la troisieme partie de ce Mémoire, les avantages qu'on peut retirer des unes & des autres. Une seconde méthode abusive, est de tenir les javelles écartées en sautoir, & la tête en haut, afin qu'elles sechent mieux avant le rouissage. Cette opération est essentiellement nuisible, puisque le gluten se dissout plus difficilement à mesure & en proportion de l'exsiccation de la plante. Bien des gens font encore passer les têtes par l'égrugeoïr, afin de séparer la plus grosse partie des fleurs & des feuilles. C'est du temps perdu, il convient même de leur en laisser, elles favorisent la fermentation.

Tous les faisceaux ou javelles, doivent être maintenus par deux, & même par trois liens, ainsi qu'il a déja été dit. Si un ou deux manquent, le dernier empêche que les tiges ne se confondent les unes dans les autres; enfin, ces liens facilitent le maniement des javelles, sur-tout celui du milieu.

Plus le local sera petit, en proportion de la masse du chanvre à rouir; c'est-à-dire moins il contiendra un grand volume d'eau, & plus promptement le rouissage sera achevé. Mais on doit avoir la plus scrupuleuse attention d'observer la qualité du chanvre mis à rouir, & la chaleur de la saison. Un chanvre trop sec rouira plus difficilement: tout chanvre restera plus long-temps dans le routoir, si la saison est froide, & en raison des alternatives de l'athmosphere, soit en froid, soit en chaud. Lorsque toutes les javelles sont rangées par lit les unes sur les autres, on en couvre la superficie avec de la paille, & on la charge de pierres, afin que l'eau ne souleve pas la masse, & de maniere néanmoins que l'eau la recouvre de six à huit pouces; si l'on a la facilité d'avoir une marre, ou réservoir, dans lesquels on conduise l'eau à volonté, il est plus expéditif de ranger les javelles à sec, elles le seront beaucoup mieux. Enfin, lorſque toute la maſſe des javelles ſera diſpoſée, chargée de pierres, &c., on donnera de l'eau & on en remplira la marre.

On doit obſerver dans ce genre de rouiſſage, que les javelles de la partie ſupérieure, ſont plutôt rouies que les inférieures, & celles du milieu que celles des côtés, la fermentation étant plus active dans le centre, les javelles de deſſus ſont dans une eau plus échauffée que celles du fond, parce que l'eau chaude plus légere que la froide, ſurnage : d'ailleurs la chaleur du ſoleil agit plus directement ſur l'eau des couches ſupérieures, que ſur celle des inférieures ; il en réſulte donc que le rouiſſage des javelles ſupérieures eſt achevé, lorſque celui des inférieures ne l'eſt pas ; on devroit alors, à pluſieurs repriſes, tirer le chanvre de l'eau.

On peut, ſur ces marres, ſur ces réſervoirs, pratiquer avec des perches une eſpece de toit, & le recouvrir avec de la paille ; alors la chaleur que l'eau acquiert par la fermentation du chanvre, ne ſe perd pas dans le vague de l'air, & le rouiſſage eſt beaucoup plutôt achevé.

Si on a la facilité d'ouvrir un dégorgeoir au bas de la marre ou du réſervoir, outre celui de ſuperficie, on facilitera l'écoulement de l'eau. Lorſque le rouiſſage ſera achevé, on laiſſera écouler l'eau ; alors les malheureux valets ſeront moins affectés par la mauvaiſe odeur, & ne prendront pas le plus horrible & le plus déſagréable de tous les bains, pour retirer le chanvre, & en placer de nouveau.

Du rouiſſage à l'eau courante : Cette opération exige beaucoup plus de précautions que la précédente, en raiſon de la rapidité & de la quantité d'eau de la riviere.

Le premier ſoin, dans les grandes rivieres, eſt de planter des forts piquets, bien enfoncés aux quatre angles de l'eſpace que doit occuper la maſſe de chanvre à rouir ; de placer enſuite un ou deux piquets ſur chaque face & à égale diſtance : enfin, d'en planter dans la ligne du centre, qui correſpondent avec les autres. Cette précaution étant priſe, on fait quatre rangées entieres de javelles, ſerrées le plus qu'il eſt poſſible les unes contre les autres, afin que le courant ait moins de priſe ſur elles ; leur rapprochement doit être en raiſon de la rapidité du courant. On aſſujettit ces javelles en fixant au deſſus, de longues perches, que l'on attache aux piquets. De nouveaux rangs de javelles ſont diſpoſés, de nouvelles perches, &c. & ainſi de ſuite rang par rang, juſqu'à ce que toute la maſſe ſoit diſpoſée. Les perches ſupérieures doivent être plus multipliées, mieux liées, afin qu'elles ne ſoient pas dérangées par l'eau, & qu'elles maintiennent toutes les javelles. Il ne reſte plus qu'à charger le tout avec de groſſes pierres.

Cette manipulation exige plus de main-d'œuvre, & le premier achat des perches; mais elle eſt eſſentielle, & tout propriétaire prévoyant la regardera ainſi. En effet, vaut-il mieux faire des avances modiques, ou courir les riſques de voir dans un moment une maſſe entiere de chanvre entraînée, & diſparoître par une crue ſubite de la riviere? On ne riſque jamais rien à travailler ſolidement, & ſur cet article, comme ſur les autres, le propriétaire doit tout voir exécuter ſous ſes yeux; s'il s'en rapporte à ſes valets, il doit s'attendre à de fâcheux événemens. Il peut perdre en un inſtant ce qui lui a coûté beaucoup d'avances; c'eſt le cas de dire avec l'immortel Franklin: " Une petite négligence peut porter un grand préjudice; car faute d'un clou, on a perdu un fer; faute d'un fer, on a perdu un cheval; & faute d'un cheval on a perdu un cavalier, qui a été ſurpris & tué par les ennemis.„

Il eſt plus aiſé d'établir un routoir dans les petites rivieres, dans les ruiſſeaux; mais on a le même inconvénient à craindre, à cauſe de l'impétuoſité fortuite de leur cours, après les pluies d'orages, ou par les pluies trop long-temps ſoutenues.

Les époques *les plus ordinaires* des orages dans la baſſe-Provence & dans le bas-Languedoc, ſont les mois de Mai & de Juin; ceux de Juin & de Juillet, pour les climats approchans de celui de Lyon; & les mois de Juillet & d'Août, dans la température de celui de Paris. On a donc à redouter dans les ruiſſeaux, que la maſſe des javelles ſoit emportée comme dans les grandes rivieres; mais ſi elle réſiſte à leur impétuoſité, par le ſecours des piquets, des perches & de leurs liens, il eſt à craindre auſſi que ce monceau ne ſoit enſeveli ſous le ſable. Dans cette poſition, le chanvre déja bien pénétré par l'eau, achevera très-promptement ſa fermentation, parce que la chaleur de la maſſe trouvera peu d'iſſues, & par conſéquent s'y conſervera; mais il eſt dangereux que ce ſable ne ſoit ferrugineux, ou mêlé de terre. Dans l'un & l'autre cas, ils communiquent chacun aux tiges la couleur qui leur eſt propre, ce qui diminue de beaucoup le prix de la filaſſe, parce qu'elle en eſt tachée d'une maniere déſagréable. Comme la fermentation eſt excitée par la chaleur intérieure, & que ſes progrès ſont très-rapides, ſi l'on n'y remédie, ou ſi on ne l'arrête pas au point néceſſaire, la filaſſe pourrit, tout eſt perdu, ou preſque perdu. Dans cette occaſion fâcheuſe, il eſt plus prudent de ſe hâter d'enlever le ſable & la terre, de détacher les liens des perches, de déplacer les javelles, de les laver à grande eau, juſqu'à ce que toute la partie terreuſe ſoit diſſipée; enfin de recommencer la premiere opération, en obſervant de ne laiſſer enſuite rouir les javelles qu'autant de temps qu'il eſt néceſſaire. Il eſt rare, & très-rare, après un pareil accident, que le rouiſſage ſoit parfait; mais il vaut encore mieux avoir une filaſſe d'une qualité un peu inférieure, que de l'avoir pourrie, ou entiérement maculée.

Ces différens inconvéniens ont fait naître l'idée de rouir, en formant des radeaux avec des bottes de chanvre bien ſolidement attachées à des perches. Ces radeaux ſont convenables, lorſqu'on veut rouir ſur des rivieres rapides, & à bords profonds.

SECTION QUATRIEME.

Des ſoins que demande le Chanvre après qu'il a été roui.

LA diverſité des climats néceſſite des manipulations différentes pour faire ſécher le chanvre après le rouiſſage. Dans les Provinces du midi du Royaume, & dans celles qui les avoiſinent, l'activité du ſoleil eſt très-forte dans les mois de Juillet, Août & Septembre, il eſt donc inutile de recourir à aucun autre expédient. Les Cultivateurs qui craignent la peine, ſe contentent de couper les liens inférieurs, de conſerver celui de la tête; d'élargir & ſéparer les tiges par le bas, & de leur faire occuper un très-grand eſpace; ces javelles expoſées au ſoleil, & droites, ſont bientôt deſſechées par ſa chaleur & par le courant d'air qui paſſe entre chaque tige. Il n'en eſt pas ainſi de la partie ſupérieure de la javelle qui avoiſine le lien de la tête, & où le ſommet des tiges placées en ſautoir, & preſſées les unes contre les autres, laiſſe peu d'eſpace à la circulation de l'air. Il faut beaucoup plus de temps pour en diſſiper toute l'humidité.

Le propriétaire plus attentif, porte les javelles, après les avoir bien lavées, ſur la pelouſe qu'elles doivent couvrir, détache les liens, les allonge ſur cette pelouſe, étend la javelle par deſſus, en ſépare les brins, & les tourne & retourne pluſieurs fois dans la journée. Il eſt rare que cette opération ſoit continuée plus de deux à trois jours de ſuite. Lorſque la javelle eſt bien ſeche, il releve les deux bouts des liens, les ſerre & les noue de nouveau. Voilà la javelle en état d'être portée au grenier, ou ſous des hangards expoſés à un courant d'air; la javelle dans cet état, n'attend plus que d'être teillée, & pourroit ſe paſſer du haloir.

Dans les cantons du Royaume moins chauds, ou par leur rapprochement du Nord, ou par leur élévation, ce qui revient au même, l'art doit aider la nature; c'eſt là que le haloir, ou ſechoir devient utile.

Chacun le conſtruit à ſa maniere : c'eſt ordinairement une maſure découverte, une enceinte de muraille , une caverne, un chemin bas coupé, le dessous d'un rocher , une voûte qui soit à l'abri du vent du Nord, &c. , dans le haut desquels l'on place des perches de bois verd & dépouillé de son écorce, qui portent du chanvre roui de l'épaisseur de six pouces, & élevés de cinq à six pieds au dessus de l'âtre d'un foyer, que l'on entretient ordinairement avec des chenevottes, ou autres substances combustibles, qui donnent une flamme sans fumée, & l'on retourne de temps à autre toutes les tiges, afin qu'elles sechent également.

Cette opération ressemble à celle par laquelle on prépare les chataignes blanches dans le Limousin & dans les Cevennes. Il faut de l'habitude & de l'expérience , pour savoir à temps remplacer le chanvre sec par du nouveau , & de l'attention pour chauffer également toute l'étendue du haloir. Il faut que ces sechoires soient éloignées des habitations; car le feu y prend souvent. On seche aussi au four avec le même danger, & cette méthode est moins bonne. La filasse provenue de ce dernier chanvre est plus seche, plus cassante, les connoisseurs la trouvent plus rude, & la distinguent au maniement. Elle fournit une poussiere plus âcre que les autres dans les travaux subséquens qu'on lui fait subir. Si le chanvre mis au four est mouillé, ou bien humide, cette humidité suffoquée nuit à la filasse, qui, outre l'odeur de pourri, prend & garde la partie la plus colorée de cette fumée. Si dans le haloir, il reçoit de la fumée, la filasse y contracte une bien mauvaise odeur; elle ne blanchit que difficilement, parce que cette fumée la couvre d'un vernis huileux qui la rend difficile à teiller.

Le chanvre seché, au grand air, ou derriere un four, sans y être enfermé, est toujours le meilleur, le plus doux & le plus pesant. Je parlerai du teillage dans la troisieme partie.

Tel est l'exposé succinct des connoissances acquises sur la culture & le rouissage du chanvre. Examinons actuellement s'il est possible d'ajouter à la science, & de répondre d'une maniere plus exacte aux différentes questions énoncées dans le programme publié par la Société Royale. Ce qui vient d'être dit, permettra de plus grands rapprochemens, & une marche plus serrée pour ce qui reste à examiner.

ESSAIS SUR LA CULTURE ET LE ROUISSAGE DU CHANVRE.

SECONDE PARTIE.

Procédés nouveaux pour le rouissage du Chanvre, & la préparation de la teille.

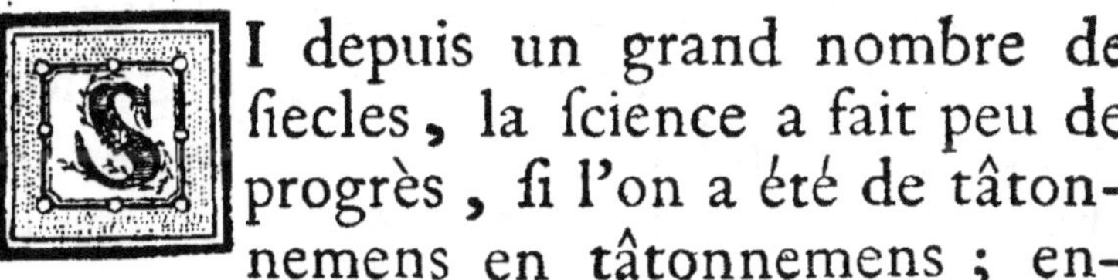

SI depuis un grand nombre de siecles, la science a fait peu de progrès, si l'on a été de tâtonnemens en tâtonnemens; enfin si l'on a suivi une pratique moutonniere, c'est qu'on n'a pas songé à chercher le point fixe, le seul d'où l'on devoit partir, & dont la connoiſſance auroit dirigé toutes les manipulations. Pour avoir de la belle & bonne toile, il faut remonter à la préparation du fil, à la maniere de rouir le chanvre, & le tout doit dépendre, & être une ſuite néceſſaire de l'examen des principes conſtituans du chanvre.

CHAPITRE PREMIER.

Quelle eſt la vraie théorie du rouiſſage du Chanvre?

SECTION PREMIERE.

Analyſe du Chanvre.

La ſeule écorce du chanvre doit nous occuper, puiſque c'eſt le principal but qui engage à cultiver cette plante. Elle recouvre, lorſqu'elle eſt parvenue à ſa maturité, un tube ligneux appellé *chenevotte*, & cette écorce qui a pluſieurs plans de fibres, ou couches corticales, longitudinales, s'étend du bout de la racine au haut de la tige : ces plans s'écartent entr'eux pour laiſſer paſſer les queues, ou pétioles des feuilles.

Les fibres longitudinales de cette écorce ſont

ſont très - contiguës latéralement ; elles le ſont auſſi dans leurs épaiſſeurs, ou couches corticales, & toutes ſont recouvertes par une autre membrane mince & tranſparente, qui eſt l'épiderme.

Cette épiderme eſt bien tranſparente ſur la plante jeune, & dans ſon état herbacé ; mais elle diſparoît dans ſa virilité. Alors elle ſe colle, ou adhere intimément à l'écorce dont il eſt queſtion. Elle eſt une collection, un ruban ſans trame, compoſé de fibres flexibles, très-déliées & foibles, chacune ſéparément ; rompant avec peine dans la largeur de l'écorce, & ſe diviſant ſur leur longueur avec une grande facilité. Il faut un peu plus d'attention pour voir ou ſéparer les différens plans ou couches de ces fibrilles ; telles ſont les ſubſtances & leur maniere d'être qui ſe préſentent à la vue de l'Obſervateur.

Beaucoup d'écorces de plantes d'arbuſtes peuvent ſervir à faire de la filaſſe, & être réduites en papier ; mais ſoit que ces plantes ſoient moins faciles à cultiver, ſoit habitude, ſoit, ce qui eſt plus vraiſemblable, que leur filaſſe n'en ſoit pas auſſi bonne, elles n'ont pas été miſe en uſage. Les eſſais que l'on a fait en différens temps de pluſieurs eſpeces de lianes, de l'apocin, du houblon, du jonc d'eau, du roſeau, du ſpart, de l'abaca, du rafia, de la pitte, du bangi, du lierre en arbre, des orties, du papyrus, du bouleau, du tilleul, du palmier, du topinambour, du cocotier, du bananier, &c, ont prouvé la ſupériorité du chanvre & du lin; l'écorce qui ſe rapproche le plus de la leur, eſt celle du genêt, & ſur-tout celle de la pitte & du ko des Chinois.

L'utilité & l'emploi de l'écorce, relativement à l'économie des végétaux, n'eſt pas du reſſort de ce Mémoire. MM. Spalanzzani, Malphigi, Du Hamel, Bonnet, de la Boiſſe, s'en ſont occupés avec ſuccès; on peut conſulter leurs ouvrages.

Le point eſſentiel dont je dois m'occuper, eſt de démontrer que le but du rouiſſage, eſt de rompre la cohéſion des fibres, qui par leur réunion conſtituent l'écorce du chanvre. Cette cohéſion ſe fait par l'intermede d'une colle ou gluten, & forme dans le végétal vivant un parenchyme, ou ſubſtance, ordinairement verte & organiſée, appellée tiſſu cellulaire ou réticulaire, à cauſe de l'aſſemblage de ſes rézeaux, *reticulare opus*, qui lie chaque fibrille, & chaque faiſceau de fibres entr'eux, dont les mailles ou petits interstices sont plus étroites du côté du bois, que de celui de l'épiderme; elles semblent aussi, par le dehors, prendre un des principes de leur existence, de la lumiere qui les colore.

Les plantes étiolées sont peu colorées; mais dans le végétal annuel, mort ou mûr, ce qui est la même chose, cette substance, ou gluten, n'a plus aucune fonction à remplir; elle se desseche, se durcit, augmente la cohésion de la fibre qu'elle engaîne ou enveloppe, au point qu'une écorce seche est cassée, brisée presque aussi facilement dans tous les sens.

La vraie théorie du rouissage doit donc être l'éthyologie, ou la relation raisonnée des effets produits par les moyens d'enlever cette colle, de l'isoler de la partie fibreuse de l'écorce, en conservant à chaque fibrille constituant les faisceaux & les couches, toute la force & l'élasticité, & les autres perfections ou qualités que la nature lui a données. La perfection du rouissage seroit même de lui en faire acquérir; de la tanner, si on peut s'exprimer ainsi, sans nuire à sa force de cohésion, à sa fléxibilité, à son éclat & à sa finesse.

Il a donc fallu premiérement chercher le menstrue qui fût le meilleur dissolvant du gluten, ſans l'être de la fibre, afin de le lui appliquer convenablement. D'après cette maniere de conſidérer le rouiſſage, il convient de le comparer avec les manœuvres employées à l'enlevement du ſuin des laines, au décruage de la ſoie, au dégraiſſage du coton ; avec cette différence, que dans ces deux ſubſtances, chaque fibre eſt déja ſéparée de la fibre ſa voiſine ; que la fibre ou le brin, eſt ſeulement verni par le gluten qu'il s'agit de lui enlever.

On ſent bien que pour la préparation du chanvre, il faut choiſir le diſſolvant, non le meilleur, mais le plus commode & le moins diſpendieux. Si dans ce Mémoire, je m'écarte quelquefois de ce but principal, ce n'eſt que pour mieux appuyer la théorie deſirée. L'on peut s'en relâcher, lorſque l'on travaille ſur des matieres précieuſes, comme la ſoie, ou lorſqu'on deſire donner au chanvre, pour certains emplois, une qualité qui le ſorte de toute parité avec ſon uſage ordinaire.

Ces obſervations néceſſitent l'examen de cette queſtion. Quel eſt ce gluten ? quel en eſt le meilleur diſſolvant ? L'opinion a dit, *c'eſt de la gomme* ; & l'uſage a établi l'eau, comme ſon meilleur diſſolvant.

L'on a ſeulement varié ſur les différentes qualités de l'eau à employer. Ces aſſertions ſont-elles démontrées ? c'eſt ce qu'il faut examiner.

Le ſuc que l'on obtient des végétaux, ſoit de leur écorce fraîche, ſoit de toutes autres parties parenchymateuſes, par infuſion, macération ou décoction, au moyen de l'eau, eſt nommé *extrait*.

Ces extraits ſont différens, ſelon la plante, ou la partie de la plante que l'on examine; ce qui ſe réduit cependant à ces trois genres, la *gomme*, la *réſine*, la *gomme-réſine*, qui ſemble être un mêlange intime ou exact des deux premieres. Le plus ſouvent ces trois principes ſont mêlangés entr'eux en proportions variables, & forment une ſubſtance ſavoneuſe.

Quel eſt le principe exiſtant dans l'écorce du chanvre ? c'eſt ce qu'on n'a point encore examiné, ou du moins je n'ai trouvé aucune notion exacte ſur ce ſujet. En maniant ſeulement cette plante fraîche, près de ſa maturité, on voit aiſément qu'elle eſt gommeuſe, poiſſeuſe, ſur-tout dans la partie ſupérieure, qui eſt toujours moins ſeche, parce qu'elle eſt ombragée de feuilles. Mais combien n'exiſte-t-il pas de végétaux qui fourniſſent des ſucs dont l'apparence eſt gommeuſe, & qui malgré cela ſont trouvés réſineux, lorſqu'ils ſont deſſéchés, c'eſt-à-dire, dont l'eau ne fait qu'une diſſolution imparfaite? Le chanvre rend un eſprit recteur ou gaz aromatique; à l'odorat, il eſt nauſéabond, âcre, & amer au goût.

Ceux qui ſont accoutumés à étudier les plantes, & à les claſſer par leurs propriétés, par leurs caracteres tirés du goût & de l'odeur, ainſi que ceux qui les rangent, d'après leur port, ou *facies propria*, comprendront bien que cette plante eſt abondante en principe huileux eſſentiel, c'eſt-à-dire qu'elle contient de la réſine, lorſqu'elle eſt ſeche; on s'apperçoit également de ce principe, lorſqu'on la brûle ſeche. Son ſquelette, ſa chenevotte, même délavée & teillée, fournit la même odeur.

L'eau eſt-elle le diſſolvant du gluten de cette plante? Il faut ſe rappeller que l'eau ſimplement *gommée*, diſſout une aſſez grande quantité de réſine. La diſſolution s'exécute bien mieux encore, ſi ces deux ſubſtances ont été mêlées par la nature. C'eſt ainſi que l'eau diſſout l'opium, & pluſieurs autres ſubſtances qui contiennent ſeulement une plus grande quantité de gomme que de réſine, ou le ſavon végétal.

Pour ſavoir donc exactement ſi l'écorce de la plante à chanvre eſt gommeuſe, ou réſineuſe, & dans quelles proportions ces principes s'y trouvent, il ne faut pas appliquer l'eau la premiere, mais les véhicules ſpiritueux, qui, ſeuls ou chargés de réſine, ne peuvent diſſoudre la gomme.

Pour cet effet, j'ai raſſemblé avec ſoin, une livre d'écorce de chanvre mûr, ſans être roui; l'ayant bien fait ſécher dans un four, & maintenu comprimé pour que dans la ſuite il occupât moins de volume. J'ai mis ce chanvre en digeſtion avec de l'eſprit de vin, lequel a pris une couleur jaunâtre aſſez foncée; filtré & évaporé, il a reſté une réſine brune qui peſoit quatre gros, dix-huit grains. Toutes les écorces donnent de la réſine lorſqu'on les traite ainſi (1). Les herbes les plus

(1) La ſeconde écorce de l'orme, traitée de même, a donné bien moins de réſine; elle fournit par la décoction avec l'eau, un mucilage gommeux très-abondant. La tiſane de cette écorce, ſe digere cependant mieux que des diſſolutions purement gommeuſes. N'eſt-ce pas à ſa réſine qu'eſt due la facilité avec laquelle les eſtomacs froids & débiles, peuvent la digérer.

tendres donnent une teinture verte dans l'esprit de vin, & cette substance verte est le dernier résultat du passage de la lumiere à l'état de phlogistique.

J'ai procédé ensuite pour retirer la partie gommeuse de la livre d'écorce qui avoit donné sa résine dans l'esprit de vin; après l'avoir fait sécher, je l'ai étendue & fait macérer à froid pendant trois jours dans assez d'eau pour l'en couvrir. Cette eau, ensuite évaporée avec soin, afin d'éviter de rien brûler, j'ai obtenu une substance gommeuse du poids de trois onces, trois gros & demi, qui n'étoit pas bien desséchée, & qui colloit comme un mucilage.

La proportion de la résine à la gomme, est comme on le voit bien considérable dans cette substance, dont on croyoit le gluten uniquement gommeux, ce que M. Home avoit déja bien apperçu dans le cours de la belle suite d'expériences qu'il avoit entreprises en Ecosse, pour le blanchiment des toiles; car étant obligé, par économie, d'employer l'eau pour dissolvant de cette substance, elle n'est jamais complettement détruite; la résine qui accompagne la filasse, nécessite presque toutes les élaborations postérieures.

Le meilleur dissolvant de cette substance seroit l'eau-de-vie, l'esprit de vin huileux, préparé comme celui qui sert au blanchiment des soies que l'on ne veut pas décruer ; enfin, comme on le remarquera suffisamment par la suite, le savon, l'eau de chaux, les alkalis, sur-tout les caustiques & les acides adoucis, soit qu'ils soient produits par la fermentation acéteuse du lait, du son, ou de la farine de seigle, ou que l'on emploie les acides minéraux édulcorés. Toutes ces substances sont reconnues pour être de très-bons dissolvans des gommes-résines ; & telle est la nature du gluten du chanvre. Il faut observer que l'écorce soumise à mes expériences pour connoître la nature de ce gluten, n'a pas été aussi facilement mise en filasse, que celle qui a été simplement rouïe, ou du moins cette filasse étoit plus dure.

La raison de ce phénomene, tient à ce que dans l'opération du rouissage, cette substance éprouve une vraie fermentation, & ce moyen est bien plus avantageux pour en extraire la résine, il la combine mieux avec la gomme, que sa simple dissolution ne l'eût pu faire, même dans l'eau bouillante.

SECTION SECONDE.

Des phénomenes qui ont lieu dans le rouissage, & quel en est le résultat.

La fermentation du chanvre, dans le routoir ou ailleurs, est l'objet le plus essentiel à bien examiner & à bien connoître relativement au rouissage.

Les javelles ou faisceaux de cette plante, sont rangés selon l'une des méthodes indiquées dans la premiere partie ; ils sont chargés, mis à fleur d'eau dans la même journée ; le lendemain une grande partie surnage, & il faut la charger de nouveau. Beaucoup de bulles d'air s'échappent de la surface & du tour de chaque tas. Cette émanation d'air va toujours en augmentant, mais les especes en sont bien différentes.

L'air qui s'échappe le premier & le second jour, est semblable à l'air athmosphérique. C'est celui qui est adhérant aux surfaces, aux poils de cette plante velue, ou qui sort des trachées de la plante, & sur-tout des racines, ainsi que celui qui peut être contenu dans le tube de la chenevotte.

Au troiſieme jour les bulles d'air donnent un gaz acide. Vers le cinquieme jour, ou plutôt, lorſque le rouiſſage eſt rapide, ce gaz eſt inflammable. Si ce Mémoire n'étoit pas déja trop long, je détaillerois plus particuliérement ces réſultats, mais il ſuffit de les avoir indiqués, & que leur exiſtence ſoit au deſſus de tout doute.

Si l'eau eſt ſtagnante, peu abondante, elle ſe colore & ſe trouble. A l'odeur déja aſſez déſagréable du chanvre ſur plante, ſe joint une fétidité inſupportable qui s'étend au loin, & elle y porte les maladies ou la mort. Si l'eau du routoir eſt ſtagnante, baſſe, poiſſonneuſe, s'il fait chaud, le poiſſon périt. De-là les loix prohibitives du rouiſſage dans les rivieres, dans les étangs, de ſorte que cette opération, chaque jour plus multipliée, ne s'exécute dans l'eau courante, qu'en payant le tribut aux employés du tribunal qui en connoît, ou en s'expoſant à des amendes, à des vexations, ou à défaut, il faut infecter l'air & les habitans voiſins des routoirs, le tout pour ne pas incommoder les poiſſons.

Qui ne reconnoît au ſimple énoncé de ces phénomenes, qu'ils ſont produits par la fermentation dont ils ſubiſſent les loix ? Cette fermentation eſt retardée ou avancée par le froid & le chaud ; plus forte & plus prompte dans les retenues d'eau où elle ſtaze ; longue & moins avantageuſe dans les ruiſſeaux & les rivieres ; difficile dans les caſcades bouillonnantes, comme dans l'eau bouillante... Les grandes maſſes de chanvre ſont bien plutôt rouïes que les petites maſſes ; & quant à celles placées dans les eaux ſtagnantes, on éprouve, lorſqu'on les retire, une chaleur ſenſiblement plus forte que celle de l'eau. Ce ſont bien là les mêmes phénomenes de toutes les fermentations.

Quel en eſt le ſujet ? quelle eſt la ſubſtance qui la ſubit ? il ne peut y en avoir qu'une ; c'eſt le gluten dont l'exiſtence a été démontrée. Il s'humecte, il s'amollit, s'enfle, comme tout mucilage qui forme beaucoup de volume avec peu de matieres. Si cette matiere étoit entraînée à meſure qu'elle ſe diſſout, il n'y auroit pas de fermentation. C'eſt la raiſon du peu de perfection que prend le rouiſſage dans les eaux trop courantes ; cependant à cet inconvénient, s'oppoſe la conſtruction des tas, qui ſont alors plus ſerrés & plus chargés que ceux des eaux dormantes. La partie du gluten, encore enclavée dans l'écorce, qui la diſtend de toute part, & l'attaque dans tous ſes ſens, ſubit la fermentation, & produit les différens gaz dont on a parlé, ſuivant leurs époques, & les degrés de cette fermentation. S'il n'y avoit qu'une diſſolution ſans fermentation, chaque plante, iſolément, conſervant une partie plus ou moins conſidérable de ſon enduit gommeux, retirée de l'eau, paroiſſant rouie, ne fourniroit ſa filaſſe que difficilement après ſa deſſiccation, parce que le gluten qui n'auroit pas été détruit, reprendroit en partie ſon adhéſion, mais l'on ſait que tout mucilage qui a fermenté, perd ſa glutinoſité, & devient acide avant de pourrir; que dans cet état, il eſt un menſtrue plus avantageux pour les réſines. Les ſeules ſommités de chanvre ſont encore glutineuſes, lorſque le rouiſſage eſt parfait pour les tiges. Cette partie eſt peut-être plus réſineuſe; elle eſt d'ailleurs placée plus loin du centre de la fermentation, elle a moins éprouvé le mouvement inteſtin qui atténue & mixtionne intimément.

Ces têtes ne ſont pas la partie la plus eſtimée du chanvre, de même que les racines; elles donnent de la filaſſe dure, qui eſt autant détruite que travaillée par le ſéranceur. Ce ſont ces obſervations qui ont ſans doute engagé les Hollandois à employer pour le rouiſſage de leurs lins, des couches de fougeres entre celles de lin, afin d'accroître la fermentation ; nous, au contraire, nous n'avons jamais aſſez paſſé nos tiges de chanvre à l'égrageoir pour les défeuiller en tout ou en partie, ce qui montre un défaut d'expérience.

D'après ces remarques, l'on doit voir qu'il en eſt des plantes rouïes, comme de celles du champ, elles ne ſont pas toutes dans leur perfection. Il y en a de venues à l'ombre, de trop drues, de trop clair ſemées, de trop abreuvées d'eau, &c ; ainſi les parties latérales & inférieures, ne peuvent pas auſſi parfaitement rouir, que celles du centre. Le Rouiſſeur intelligent, ſait très-bien compenſer les défauts acquis au champ par les avantages des meilleures places au routoir. Malheureuſement il y a très-peu de Rouiſſeurs de profeſſion. Leurs fonctions ſont cependant auſſi utiles que celles de *Magnoniers*, ou *Directeurs* des vers à ſoie. Il en eſt de cet objet comme de tous autres d'Agriculture, *chacun prétend en ſavoir plus que ſon voiſin*.

Si je ne me trompe, je crois avoir

établi la vraie théorie du rouiſſage du chanvre, & par conſéquent, avoir donné la ſolution du premier problême propoſé par la Société Royale.

CHAPITRE SECOND.

Quels ſont les meilleurs moyens de perfectionner la pratique du rouiſſage, ſoit que l'opération ſe faſſe dans l'eau ou en plein air ?

SECTION PREMIERE.

Des ſoins à prendre des javelles, & de leur arrangement dans le routoir.

JE l'ai déja dit, & on ne ſauroit trop le répéter : en fait d'agriculture, il n'eſt pas poſſible d'établir à la rigueur, une loi générale, & toutes celles en ce genre, ſont ſujettes à de grandes modifications. On voit, ſans ſortir de l'objet qui nous occupe, que dans le nord du Royaume & de l'Europe, le chanvre mûrit peu, végete longuement ; ſa fibre eſt plus foible, quoique plus longue & plus groſſe ;

au midi, ou au centre du Royaume, sa végétation est rapide, la chaleur est forte, la fibre de la teille est plus fine & plus ferme, quoique la plante soit plus courte. Lorsque dans ces lieux, & comme dans quelques cantons d'Italie, par exemple, le sol est convenable, enrichi par des rosées, des brouillards, ou de fréquentes petites pluies, alors le chanvre y est excellent. On doit donc conclure que la longueur du rouissage doit varier suivant le canton, & suivant la constitution de l'athmosphere pendant la végétation.

Une autre attention essentielle, & dont on ne s'occupe guere, c'est de javeller les plantes suivant leur longueur & maturité, c'est-à-dire, de former des faisceaux des plus grandes, ensuite des moins grandes, des médiocres & des plus petites; d'agir de même pour les plus grosses & pour les plus fines. Sans cette précaution, le rouissage de celles-ci sera complet, tandis que celui des autres ne le sera pas.

On se contente en général, de récolter en deux temps, sans avoir égard à ces distinctions particulieres, d'où dépendent la belle qualité de la filasse, soit dans la cueillette des plantes mâles & des plantes femelles.

femelles. Pour avoir une qualité égale dans la filasse, ne pourroit-on pas cueillir la plante mâle plus mûre, & la plante femelle un peu avant sa maturité parfaite; alors les qualités seroient plus rapprochées. Je ne propose ceci que comme une expérience à tenter. Mais toujours est-il vrai que l'on diminue la qualité de la masse totale, lorsque l'on suit l'usage établi. J'ai fait, l'année derniere, l'essai d'un procédé avec assez de succès. J'ai laissé dans la cheneviere, la plante à fleurs, droite & en place, après l'avoir arrachée & secouée légérement; elle y a séché lentement, sans être altérée ni noircie, recevant des plantes voisines, une vapeur, une transpiration qui s'est opposée à sa trop grande siccité; elle jouissoit encore d'un reste de vie qui la mettoit à l'abri des inconvéniens qu'elle auroit éprouvée si elle eût été séchée ailleurs, & conservée pendant aussi long-temps. Revenons à la préparation des javelles.

Si l'on ne veut pas se soumettre à la séparation des grandes & des petites tiges, & même en l'observant, on doit toujours placer dans le milieu des javelles, le chanvre le plus mûr, & les tiges les plus longues, afin qu'elles ne soient pas froissées

& briſées, lorſqu'on arrange les maſſes à rouir, ou qu'on les retire du routoir ; cette diſpoſition conſervera ſes avantages juſque dans l'opération, quoiqu'éloignée, du ſérancage. Si l'on peut ſe diſpenſer de faire rouir en même-temps les pieds à fleurs & les pieds à graines, on aura le plus grand tort de les mêler ; & nous en avons dit la raiſon dans la premiere Partie.

Il eſt également avantageux de diſtinguer le chanvre qui reſte vert, quoique mûr, de celui qui eſt blanc ou jaune, de celui qui a crû à l'ombre ou dans des champs de qualités trop différentes. Le chanvre à graine ne rouit plutôt que lorſqu'il eſt mis au routoir en même-temps que celui à fleurs, & qu'il n'eſt pas aſſez mûr. La perfection du rouiſſage dépend en grande partie de l'attention que l'on a de bien aſſortir les javelles, relativement au temps qu'elles exigent pour rouir ; autrement des tiges dans une javelle, ſeront trop avancées, lorſque d'autres deviendront très-difficiles à teiller. J'ai vu ces différences être de douze à trente-ſix heures. Le bon Rouiſſeur doit imiter le bon Vigneron. Celui-ci goûte pluſieurs fois dans un jour la liqueur de la vendange qui fermente dans la cuve, afin de s'aſſurer des progrès de la fermentation vineuſe, & ſaiſir le vrai point de ſon complément. Celui-ci doit également, dans la journée, tirer pluſieurs tiges du monceau, & examiner où en eſt la fermentation, & ſi la filaſſe commence à bien ſe détacher de ſa chenevotte. Il obſervera que le chanvre vert & gros, eſt moins long-temps à rouir que le vert & le fin; le vert, moins que le jaune; le long, moins que le court; la racine, moins que la tête; & le chanvre arraché & ſéché depuis long-temps, eſt beaucoup plus de temps à rouir que celui qui, arraché à propos, eſt porté tout de ſuite de la cheneviere au routoir.

Si l'on ne peut abſolument rouir, peu de jours après la récolte, il faut au moins ne pas attendre, plus tard que la mi-Octobre, à cauſe du froid & des pluies : d'ailleurs l'exſiccation rapide au ſoleil ou à l'air, ſi rigoureuſement demandée après le rouiſſage, s'exécuteroit mal alors. Le four & le ſéchoir dont il a été queſtion dans la premiere partie de ce Mémoire, nuiſent à la qualité de la filaſſe.

Le temps du rouiſſage varie autant dans chaque pays, que la récolte & le cuvage du vin. Chacun le fait durer à ſa fantaiſie, & l'on ſe regle ſouvent ſelon l'uſage du pays & l'emploi auquel le chanvre eſt deſtiné. Il eſt cependant, *pour l'ordinaire*, de quatre à cinq jours en Juillet, de cinq à huit en Septembre, & de neuf à quinze en Octobre, lorſqu'on a eu le tort d'attendre juſqu'à cette époque.

Le terme & le ſigne de la perfection du rouiſſage ſont, lorſque l'écorce quitte ſa chenevotte d'un bout à l'autre, & que la moële eſt diſparue. On n'eſt pas d'accord ſur la quantité de diviſions ou rubans différens, que fait le plus ſouvent l'écorce, lorſqu'on la ſépare. Les uns en veulent deux, les autres trois. Pluſieurs eſſais m'ont convaincu, que le meilleur nombre étoit de deux. Toutes ces obſervations de détail, ne ſont pas auſſi importantes les unes que les autres; cependant il n'eſt pas équivoque que le rouiſſage à l'eau, varie ſuivant la qualité de l'eau, la chaleur de la ſaiſon, ainſi que par le point de maturité de ſa plante, & par la culture qu'on lui a donnée. C'eſt en raiſon de ces alternatives que l'on a plus ou moins étudiées, qu'eſt dû le bon ou le défectueux rouiſſage; toutes les regles générales leur ſont ſubordonnées.

Les mauvais rouis diminuent la récolte d'un ſixieme, & ſouvent d'un quart;

ce qui reſte eſt foible ou uſé, il tombe en étoupe ſous le peigne, & ſi le chanvre n'étoit pas aſſez roui, ce reſte ſeroit dur. On corrige un peu ce dernier défaut, mais l'autre eſt irréparable. On met au pré & à la roſée les tiges qui ne ſont pas aſſez rouies; il ſeroit même poſſible de le remettre à l'eau, ſi l'embarras d'un ſéchage nouveau, & l'apréhenſion des pluies n'y mettoient de grands obſtacles.

Le nombre des javelles que l'on range les unes ſur les autres dans le routoir, ou à la riviere, dépend de ſa profondeur, & leurs diſpoſitions doivent être ainſi que nous l'avons dit dans la premiere partie. Les plus courtes doivent être placées au deſſus, afin que la maſſe forme un talus qui ſe ſoutienne mieux. Cette forme eſt cependant indifférente, lorſque, à raiſon de la rapidité du courant, les piquets ont été multipliés, les perches fortement liées de diſtance en diſtances & multipliées ſur la ſuperficie, ainſi que le chargement avec des pierres.

Les tiges les plus difficiles à rouir, ſeront placées dans le milieu, puiſque c'eſt-là que s'établit la plus forte fermentation, & que ſe prépare auſſi la meilleure filaſſe, comme auſſi elle s'y détériore plus vîte, ſi le rouiſſage eſt mal-à-propos trop prolongé : le rang ſupérieur eſt enſuite le plus eſtimé.

Lorſque l'on redoute peu les crues ſubites de l'eau, la rapidité des rivieres, ou des ruiſſeaux, il eſt très-avantageux, pour diminuer l'infection, de ne pas intercepter le cours de l'eau. On doit encore laiſſer une eſpace tout autour du tas, afin que dans le cas d'un dérangement imprévu dans la maſſe, les hommes qui ſe mettent à l'eau, puiſſent remédier à l'accident. Enfin, on doit préférer l'emplacement qui offre après le rouiſſage, la liberté de laver les javelles à grande eau courante. Les filaſſes de ces chanvres ſeront plus faciles à travailler, & fourniront moins de cette pouſſiere âcre & irritante, qui eſt ſi nuiſible aux Ouvriers dans les moulins de battage, & lorſque la filaſſe eſt travaillée ſous le peigne du Séranceur.

SECTION SECONDE.

De la meilleure qualité des eaux pour rouir, & apperçu d'autres moyens.

Il en est des écorces végétales comme des membranes, ou peaux des animaux : (1) elles se durcissent dans l'eau bouillante, & s'amollissent dans l'eau froide. Le chanvre mis en décoction est très-mal roui : mais quel est le degré de l'eau froide qui lui convient le mieux ? ce n'est pas sans doute la plus froide, puisqu'on voit que le rouissage est plutôt fini en été qu'en automne. J'ai fait plusieurs essais dont les résultats sont, que la température de l'eau la plus avantageuse est celle de dix à douze degrés du thermometre de Réaumur. Ce qui se rapproche, comme on le voit, du degré nécessaire à la fermentation des vins en automne ; & en effet, toute fermentation devient désordonnée ou tumultueuse, lorsqu'elle s'écarte trop de ces degrés de chaleur.

L'eau en mouvement, vaut-elle mieux que l'eau stagnante ? la question a encore

(1) Voyez les Dissertations de MM. Maret & Marteau, sur les bains des eaux douces & de mer.

été décidée en faveur de la derniere. Ayant mis du chanvre dans le même ruisseau, partie dans l'eau tranquille, & partie au dessous d'une usine, à la chûte de l'eau, le premier a été plutôt roui, & le second étoit plus dur. L'on savoit que les grands mouvemens nuisoient aux fermentations, & le rouissage en est une. On a vu dans les expériences de la Société d'Agriculture de Bretagne, rapportées dans la premiere partie de ce Mémoire, que le chanvre, à quelque degré de maturité qu'il soit, étant roui en eau courante, devenoit plus blanc qu'en eau dormante, mais que l'eau dormante avoit fourni une quantité plus grande de premiers brins, & qui se blanchissoient mieux par les lessives.

Nous dirons cependant que toutes les eaux dormantes ne sont pas favorables; les unes peuvent être troubles & douces; d'autres peuvent être limpides & très-dures. Les eaux douces peuvent contenir de la craie, des infusions de végétaux détruits : telles sont les mares, ou les fosses à fumier; là le chanvre y rouit parfaitement : ces eaux ont dans elles un levain qui accélere la fermentation. Les eaux dures tiennent quelques sels vitrioliques en dissolution, comme la sélénite, alors le rouiſſage y languit. C'eſt ſans doute pour n'avoir pas aſſez reconnu ces cauſes, que MM. Du Hamel & Marcandier n'ont pas eu les mêmes réſultats dans leurs expériences ſur le rouiſſage à l'eau courante & à l'eau dormante. Les eaux dures augmentent le poids de la filaſſe, de trois, de cinq pour cent de plus que la même quantité préparée en eau courante. Elles agiſſent comme l'alun ſur la filaſſe ; elles ſont préférées pour les toiles & fils que l'on met en teinture; mais comme ces eaux leur donnent un mordant qui retient la partie colorante des infuſions ou diſſolutions qui les troublent lorſqu'on y rouit, les filaſſes, ainſi teintes ou ſalies, blanchiſſent plus difficilement.

L'eau de la mer, l'eau des marais ſalés & ſalans, les bords des lacs & des étangs, les lieux bas des plages marines, ſont encore employés très-convenablement aux rouiſſages. En Irlande, en Ecoſſe & en Hollande, le ſel de mer, quoique plus antiſeptique que le ſel dépuré, ne s'oppoſe pas à la fermentation convenable. Ne pourroit-on pas établir des routoirs près des marais ſalans & des parcages d'huîtres, que l'on rempliroit en profitant des grandes marées ?

Il eſt certain que l'opération du rouiſſage ſeroit bien accélérée & perfectionnée, ſi les eaux dans leſquelles on tremperoit le chanvre étoient alkalines : telles ſont les eaux de fumier & de baſſe-cour ; mais ces engrais ont d'autres emplois bien utiles, ils ſont toujours trop rares ; d'ailleurs plus ces eaux ſont colorées, & moins la filaſſe eſt accueillie à cauſe de la couleur qu'elles lui communiquent.

J'ai éprouvé & fait tirer parti avec le plus grand ſuccès, pour cet objet, d'une ſource abondante d'eau minérale, alkaline & gazeuſe. Pourquoi ne pas ſe ſervir de ces avantages locaux, pour blanchir, ou achever de diſſoudre le gluten de notre filaſſe, de nos fils, de nos toiles ? Les ſecours de pareilles eaux, ont porté la blanchiſſerie de Haarlem, à un grand point de célébrité ; les Hollandois y font blanchir très-bien & très-vîte. Nous avons abondamment de ces eaux en France, & on peut, à ce ſujet, voir leur énumération donnée par M. Thouvenel. L'on évitera avec le plus grand ſoin, l'emploi des eaux ferrugineuſes, terreuſes & dures. Les taches du fer réduit en ocre, ſont preſque inéffaçables. Les eaux alkalines ne s'oppoſent point à la fermentation ; leur fétidité est très-remarquée à la fin du rouissage ; & il est bon d'observer pour la théorie, qu'il y a une grande quantité de bulles d'air produite lors de l'union des alkalis avec la substance résineuse ; ce qui prouve entre ces substances une mixtion vraiment chymique ; M. Home ne cesse de le faire appercevoir dans ses expériences sur les toiles. Les lessives employées à cet effet, n'avoient plus au goût ni à l'odorat, aucune propriété alkaline ; c'étoient de vrais savons. On auroit pu décruer la soie par cet expédient, si les alkalis nuds n'en altéroient pas le nerf ou la force ; car la soie étant une substance animalisée, ou peut-être animale, est corrodée, même détruite par ce mordant, comme l'eau dissout la soie des autres chenilles, qui est encore végétale & n'est que de la gomme filée. L'on pourroit tenter le décruage des soies par les eaux minérales alkalines, avec plus d'espérance : le sel, dans ces eaux, y est très-adouci par l'acide craieux qui lui est toujours uni.

Le chanvre au contraire, ne perd pas sensiblement sa force par l'emploi des alkalis nuds ; il permet même qu'on en augmente l'activité, en les rendant caustiques par la chaux ; ce qui le blanchit &

l'adoucit promptement ſans le fatiguer. Ce fait eſt prouvé par les expériences de M. Home, dirigées dans ce point de vue.

Que l'on y réfléchiſſe bien : je ne propoſe pas de rouir ou de traiter le chanvre en javelles, avec des eaux alkalines, à moins que l'on n'en aie de naturelles à ſa portée ; mais je demande ſérieuſement pourquoi on ne les emploieroit pas pour la filaſſe aſſez belle, & deſtinée a être réduite en toile ou en fils fins ? Les pratiques multipliées dans la préparation des toiles, & uſitées dans les blanchiſſeries, tels que les lavages, les roſées, les leſſives avec les alkalis ſeuls, ou rendus cauſtiques par l'eau de chaux, l'uſage des ſavons, des acides, du lait, du ſon, ne ſeroient-elles pas bien abrégées, bien ſimplifiées & plus commodes, ſi l'on blanchiſſoit, ou au moins ſi l'on commençoit le blanchiſſage par la filaſſe ? il ne reſteroit plus qu'à enlever l'apprêt ou parou, mis aux toiles, lorſqu'on les a fabriquées, & à perfectionner leur blanc ; ce qui n'énerveroit pas les toiles avant l'uſage qu'on doit en faire.

Le Prince de ſaint Séver, ſi zélé, ſi ardent protecteur des Arts à Naples, étoit parvenu par de pareils travaux, à donner à la filaſſe la blancheur & l'éclat de la ſoie. Décrue-t-on l'étoffe ou la ſoie dont elle doit être fabriquée ? Les déchets indiſpenſables de la filaſſe, ainſi blanchie, ſont moins précieux que ceux de la ſoie qui a reçu ſes préparations avant d'être ouvrée.

Si je ne paſſe pas ſous ſilence une façon de rouir que j'ai exécutée par l'acide ſulphureux-volatil, c'eſt uniquement pour mieux faire jaillir la théorie du rouiſſage; car ce procédé, j'en conviens, n'eſt ni ſimple, ni commode en grand, quoiqu'il ſoit peu diſpendieux.

Connoiſſant la propriété qu'ont les acides minéraux dulcifiés, pour diſſoudre la ſubſtance gommo-réſineuſe, j'ai appliqué ces même acides adoucis par l'eau, le vinaigre & les ſels ſaccharins acides, extraits des végétaux, comme ſont le tartre, le ſel d'oſeilles, d'alléluïa, & leurs diſſolutions; je les ai appliqué, dis-je, à pluſieurs tiges de chanvres non rouis, ſoit par la voie de l'immerſion ou de la macération, ſoit par ébulition ou par vapeurs, & leur rouiſſage a eu lieu en peu d'heures. J'ai diſpoſé ſur des perches dans une chambre cloſe, des javelles de chanvre récemment cueillies, encore un peu fraîches, ou humides, ou humectées, & je les ai traitées avec le ſoufre brûlant comme les Teinturiers traitent les soies qu'ils veulent blanchir par ce moyen. Le décruage du chanvre a eu lieu rapidement, ou du moins la dissolution du gluten a été faite suffisamment, pour que le chanvre pût être teillé sans autres préparations; sa filasse étoit même plus blanche que celle obtenue par un rouissage à l'eau courante.

Ce moyen pourroit cependant avoir une application plus économique, si les chenevieres avoient dans leur voisinage des sels comme ceux de la Solfatara; mais il n'en existe que quelques-uns en France, auxquels M. Chaptal vient d'en joindre un nouveau, qu'il a observé dans le voisinage de Montpellier.

Le lait écrêmé que l'on emploie dans les blanchisseries des toiles & des fils, rentre encore dans cette classe, car il ne blanchit pas comme lait; mais après avoir aigri, son acide, que l'on sait être très-actif, agit & dissout la partie colorante résineuse des toiles qui n'avoit pas encore entiérement cédé aux différentes lessives. Le bel apprêt que procure le lait aux toiles, ne peut pas être remplacé par l'emploi de l'huile de vitriol, que l'on lui substitue dans plusieurs blanchisseries; d'ailleurs l'esprit ardent que contient ce lait, aide aussi au décreusage.

SECTION TROISIEME.

Des Routoirs & du rouissage à l'eau.

J'AI peu à ajouter à ce qui a déja été dit, & à ce qui est connu; le lieu, les circonstances, prescrivent leurs formes & la maniere de les établir.

Presque toutes les eaux poissonneuses, ayant été interdites aux rouisseurs, les journaliers, les femmes & les artisans de la campagne, ont pris pour rouir les fossés, les mares, ou bien ils font à peu de frais quelques retenues d'eau, qu'ils laissent écouler après l'opération. Mais les grands Cultivateurs dans les pays à chanvre, & ce qui vaudroit encore mieux, la Communauté entiere d'un village ne pourroit-elle pas faire un ou plusieurs routoirs fixes & solidement établis, à l'usage de tous les individus qui la composent? L'intérêt de chacun, aura bientôt fixé l'ordre & la police dans le rouissage, & la plus convenable à tous. En suivant cette méthode, on parviendroit à un rouissage moins incommode, & le rouissage bien dirigé, & conformément aux principes, d'après lesquels on doit travailler, donneroit peu-à-peu de la célébrité à la filasse & au fil de ce canton; dès-lors il y auroit une hausse certaine dans le prix de la vente. Je sais bien que cette idée sera suivie par quelques riches habitans qui s'associeront entr'eux: c'est toujours quelque chose. Mais le point le plus important à l'Etat, est que les pauvres sur-tout, dont le nombre est si considérable, jouissent de l'avantage de l'établissement, comme les riches. En ce cas, les routoirs doivent être communs & proportionnés aux besoins de la Paroisse.

La dépense ne sera jamais bien considérable, puisqu'il est facile de profiter des positions locales, soit dans des bas fonds, soit dans le voisinage des étangs, des marais, des ruisseaux, des rivieres, afin d'en tirer l'eau nécessaire au rouissage.

Que les eaux soient stagnantes ou coulantes, & dans quelque endroit que soit le routoir, il est essentiel de planter des arbres autour: les peupliers sont à préférer à tous les autres; ils s'élevent fort haut, sont très-branchus, attirent un courant d'air, & leurs feuilles soutenues par des queues fort minces, laissent à la feuille la liberté d'être dans une perpétuelle agitation

tation, qui renouvelle l'air, & corrige celui des réservoirs. D'ailleurs on connoît aujourd'hui un des grands moyens dont la nature se sert pour purifier l'air athmosphérique, c'est la végétation des plantes & des arbres. Ils se nourrissent de cet air impur, ils se l'approprient, & en échange rendent de l'air pur à l'athmosphere. Malgré cette ressource, on sent bien qu'il ne seroit pas prudent de placer ces routoirs près des habitations, puisque ces arbres ne peuvent pas absorber la masse énorme d'air fixe, & ensuite d'air inflammable & putride, qui s'échappe du chanvre en fermentation. Les lieux à préférer sont ceux qui sont exposés à tous les vents, & où il regne de grands courans d'air.

Des routoirs trop larges sont inutiles, ou du moins peu commodes. Je préférerois d'en multiplier la longueur, sur-tout s'ils doivent servir à une Communauté. Chaque individu y trouve une place, sans nuire à celle de son voisin, & il faut moins d'eau. Le fond doit en être pavé, avoir une pente du côté de la décharge, qui pour le mieux, doit être double, & pouvoir se faire à la surface & dans son fond, suivant le besoin; les parois seront en talus aſſez droits, pour que les Ouvriers puiſſent s'en approcher avec facilité, & n'être pas obligés de ſe mettre à l'eau pour manœuvrer, ou raccommoder le tas, lorſque le beſoin l'exige. Si ces parois ne ſont pas conſtruits en pierres, il faut au moins leur donner une certaine épaiſſeur en argille fortement corroyée.

La vaſe qui s'enleve chaque année du fond du routoir, fournit un excellent engrais aux terres, à moins qu'on n'aime mieux la conſerver, à l'exemple des Hollandois pour leur lin, afin de la mettre ſur la ſurface des maſſes de chanvre. Cette terre devient un levain qui rend la couche ſuperficielle auſſi avancée dans ſon rouiſſage que celle du centre; ce qui eſt très-avantageux, lorſqu'on ne ſépare pas les qualités.

S'il vous eſt permis de rouir dans un ruiſſeau qui n'eſt pas poiſſonneux, ſi les Employés de la Maîtriſe des Eaux & Forêts, vous permettent l'approche des grandes rivieres, craignez les inondations ſubites, & ſur-tout les cordes de tirage des bateaux, & la malignité des conducteurs; alors aſſujettiſſez vos maſſes comme il a été dit dans la premiere partie.

Les javelles doivent être rangées dans

le routoir, & alternées ſur quatre faces, de ſorte que les racines & les têtes ſe joignent & ſe touchent tout autour. Le chanvre non chargé s'éleve ſur la ſurface de l'eau, & la partie ſupérieure de la maſſe ne rouit pas : on la charge, elle s'enfonce, & reſte plongée ſous l'eau. A cette utilité s'en réunit une autre; la paille, les feuilles, les perches, les pierres dont on recouvre la ſuperficie, retiennent & concentrent en partie les vapeurs & les différens fluides gazeux, que la fermentation développe, ce qui égaliſe les progrès de la maſſe.

On a prétendu que le chanvre ne devoit pas toucher le fond du routoir. Cette obſervation qui eſt de rigueur pour le lin, n'eſt pas néceſſaire pour le chanvre. Je penſe au contraire, que les javelles du fond n'éprouvent jamais la même, ni une auſſi bonne fermentation que celle des autres parties. Elles ne jouiſſent pas de l'avantage des produits gazeux qui traverſent celles placées au deſſus d'elles, & l'eau du fond eſt plus froide que celle du centre & de la ſuperficie. Il eſt donc avantageux pour elles, de jouir du bénéfice des vapeurs de la vaſe, & de ne pas perdre ſi promptement celles qui s'échappent en deſſous pour venir former des bulles vers les ſurfaces latérales.

Laver exactement, & s'il ſe peut à grande eau courante, les javelles, à meſure qu'on les tire du routoir; les laver droites & non couchées, c'eſt une précaution très-importante. Ce lavage enleve une vaſe, un limon, que les eaux, même courantes, dépoſent ſur chaque tige; il fait corps avec le gluten, lequel quoique diſſous, eſt cependant encore adhérent, & qu'il faut également faire diſparoître; ſans cette précaution, le chanvre étant ſéché, ſera moins blanc, & ſe teillera moins bien, quoiqu'il ait été parfaitement roui; enfin, il conſervera ſa pouſſiere âcre, qui incommode ſi fort le ſéranceur, &c.

Les javelles tirées de l'eau, doivent ainſi qu'il a été dit, être portées & déliées en chaînes ſur le pré. Si on les laiſſe amoncelées trop long-temps, elles s'échauffent intérieurement, la fermentation recommence, le rouiſſage eſt porté trop loin, & la filaſſe s'énerve ou pourrit.

SECTION QUATRIEME.

Du rouiſſage en plein air ; de ſes inconvéniens ; des cas où il eſt préférable au rouiſſage à l'eau ; des moyens de le perfectionner.

LE temps néceſſaire pour rouir le chanvre en plein air, eſt fréquemment d'un mois. Perſonne ne peut être sûr que dans cet intervalle, il ne ſurviendra aucune pluie, aucun orage, aucune grêle, & ſur-tout que le chanvre ne ſera pas travaillé par les inſectes ; les vents violens le déplacent & l'entraînent ; les pluies fortes diſſolvent trop-tôt & mal, ſa partie gommeuſe, avant que par ſon intermede l'autre partie ſoit attaquée, ou avant que l'acide aërien, & celui des roſées ne l'ait diſſous. Le chanvre qui, au commencement de ſon rouiſſage à l'air, éprouve de fortes ou de fréquentes pluies, eſt ſujet à noircir, & il conſerve le plus ſouvent une couleur d'un gris foncé. Les fibrilles adherent enſemble plus fortement que dans le chanvre roui ſans pluie, à peu près comme le pinceau du verniſſeur, lorſqu'il eſt ſec ;

le mouvement que l'on donne aux poils, ou crins de ce pinceau, en fait détacher la résine en poussiere : or on ne doit jamais perdre de vue, que le meilleur rouissage laisse encore beaucoup de résine, & l'on ne sauroit trop répéter que c'est elle seule qui s'oppose au blanchiment des fils & des toiles. Telle est l'origine de cette poussiere aussi inflammable que la colofane en poudre, qui s'éleve & voltige dans les atteliers, où l'espadonage & le pilage de la filasse s'exécutent; & qui, par sa virulence, fatigue si fort la respiration & les poumons des Ouvriers. Tous les chanvres en donnent plus ou moins, ainsi que la filasse; mais les Ouvriers distinguent très-bien que le chanvre roui à l'air est plus âcre & plus incommode. Lorsque je tentai de faire du papier avec cette poussiere qui n'est d'aucun usage, celle du chanvre roui à l'eau mérita la préférence.

Pour diminuer ces inconvéniens, ainsi que la durée de ce rouissage, j'ai tenté avec succès, avant d'exposer le chanvre à l'air, de le mouiller avec de l'eau rendue un peu alkaline. Une légere lessive, & comme il a été dit ci-dessus, l'eau des fumiers & des basses-cours, rempliroient le même but. J'ai eſſayé également de le mouiller avec de l'eau de chaux, & ce dernier moyen a encore mieux réuſſi. Outre que par ce procédé, on détrempe, on diſſout le gluten réſineux, le chanvre acquiert ainſi la propriété d'attirer de l'athmoſphere, & de conſerver une humidité légere qui lui eſt très-avantageuſe pour l'effet qu'on ſe propoſe. Lorſqu'en Hollande, on arroſe avec de l'eau de mer, le chanvre étendu ſur les prés, on obtient les mêmes réſultats. Les plantes mouillées de cette eau, qui tient en diſſolution des ſels amers, terreux, déliqueſcens, & que l'on a cru être bitumineux, attirent, conſervent la même humidité, avancent & perfectionnent ce rouiſſage. J'ai vérifié ce fait dans une de nos plages marines garnies de varech, ſur lequel étoit dépoſé le chanvre. Pluſieurs Provinces de France, ont dans leur voiſinage des étangs, des marais ſalés, des cantons voiſins de la mer, & où les terres à chanvre ſont très-bien cultivées. On fera donc bien dans ces poſitions de profiter de l'eau de mer, ſi toutefois cette opération ne réveille pas trop l'inquiete vigilance des commis & employés des Fermiers Généraux : mais l'on pourroit présenter au Contrôleur-Général & au Ministre de la Marine, un Mémoire détaillé sur les avantages de cette opération ; & il est à présumer que l'on obtiendroit un Réglement à ce sujet.

Un autre défaut essentiel du rouissage fait à l'air & dans les champs, ce sont ces taches bien prononcées, d'un brun plus ou moins noir, & qui tigre toutes les tiges. Ces taches, comme on l'a déja dit, n'ont lieu que lorsque la terre est martiale, c'est-à-dire, lorsqu'elle contient quelques parties de fer lesquelles se divisent en forme de rouille; elles tiennent si fortement que tout le travail des blanchisseries suffit à peine pour décolorer les toiles fabriquées avec des fils tirés de ces plantes. Aussi les rebute-t-on, malgré les bonnes qualités qu'elles ont d'ailleurs. L'on sait combien est fixe la marque que l'on imprime aux têtes des pieces de toile, & au linge de table, lorsqu'elle est faite avec la rouille de fer.

On doit donc éviter avec le plus grand soin, de mettre à rouir sur des champs de cette nature. Si l'on n'a pas de prairies, il convient de choisir des terrains pierreux, caillouteux, marneux, &c.

D'après ce qui a été exposé dans la premiere partie, & ce qui vient d'être dit sur le rouissage à l'air, on voit clairement combien cette façon de rouir est longue, embarrassante, laborieuse, & même dispendieuse ; elle ne peut pas convenir aux grands Cultivateurs, à moins que leurs possessions ne soient entiérement privées d'eau ; dans ce cas, il n'est guere problable qu'ils aient de bons champs propres à cette culture ; le rouissage à l'air ne peut être utile qu'aux petits propriétaires, & encore doivent-ils préférer le rouissage à l'eau, lorsque la chose est possible.

Il y a très-peu de cas où le rouissage à l'air, soit préférable à celui dans l'eau, parce que l'époque du rouissage sur le pré, approche du temps où les derniers foins vont être récoltés, où l'on met le plus utilement les bestiaux dans les pâturages, & où souvent, il faut travailler & labourer les champs.

Le chanvre roui à l'air, avec les précautions indiquées, a donné des filasses superbes, qui flattent & brillent à l'œil ; elles sont un peu foibles, très-souples, bien affinées & soyeuses. Dans les pays méridionaux, où la fibre du chanvre est fine & forte, le ciel beau, les pluies rares, les rosées très-abondantes, on peut préférer cette méthode, d'autant que le long rouissage divise la fibre, l'amollit & l'adoucit, mais elle n'est aucunement avantageuse dans nos Provinces du nord, où le ciel est brumeux, pluvieux, & la chaleur peu soutenue. Cependant, si par des circonstances quelconques, on est forcé de placer les routoirs près des habitations, il vaut encore mieux courir les risques de ne pas avoir un rouissage si parfait en se se servant de l'intermede de l'air, que de succomber sous l'infection. J'ai dans ce chapitre répondu à la seconde & à la troisieme question du programme, il reste actuellement à examiner la quatrieme, qui tient à la conservation de la santé des habitans, & qui me paroît la plus utile & la plus digne des vues de la Société Royale.

CHAPITRE TROISIEME.

Y auroit-il quelque maniere de prévenir l'odeur désagréable & les effets nuisibles du rouissage dans l'eau.

L'ODEUR du chanvre récent, respiré pendant quelque temps, enivre, assoupit, porte au cerveau, donne des vertiges. Galien parle de la coutume de manger au dessert de la graine de chanvre rotie, pour s'exciter à la joie, & il a observé qu'elle portoit souvent le trouble dans le cerveau. Dioscoride fait la même remarque: & Kœmpfer, dans ses *Amænitates exoticæ*, dit que la boisson de l'infusion des feuilles, dont le goût est âcre & amer comme l'opium, enivre comme lui, & porte au cerveau. Le Bangi des Asiatiques est une espece de chanvre, ils l'emploient beaucoup pour dormir & pour se procurer des rêves agréables : telle est la qualité narcotique de cette plante, qu'elle se montre jusques dans son odeur. Les hommes de tous les pays & de tous les temps, ont eu besoin de s'étourdir sur leurs vices moraux, lorsque la religion ou la philosophie, ne les leur ôte pas. Auſſi depuis les Iſles de la Société, où l'infortuné Cook a vu faire des liqueurs enivrantes avec l'écorce du bouleau, juſqu'au Kamtchatka & en Tartarie, où M. Gmelin en a vu préparer avec le fruit d'airelle & le lait de jument; par-tout enfin l'homme cherche à s'étourdir. Les animaux ont-ils ces mêmes goûts déſordonnés? non, les beſtiaux ne mangent point la feuille de chanvre, ils la fuient même. Si le poiſſon en eſt enivré, certes, ce n'eſt pas par goût, mais par force.

Eſt-ce de l'odeur du chanvre récent & de ſes effets déſagréables ou nuiſibles, dont il faut ſe garantir? les qualités du chanvre, & ſes effets ſont-ils les mêmes dans tous les temps du rouiſſage? c'eſt ce qu'il faut examiner premierement.

J'ai mis en même-temps du chanvre & du poiſſon dans un réſervoir; le ſecond & le troiſieme jour, le poiſſon en fut affecté, quoiqu'il eût autant qu'il étoit en ſon pouvoir, évité le chanvre; il ſurnageoit, étoit ſans mouvement, & étoit enivré. Une partie de ces poiſſons miſe dans un autre réſervoir revint en peu de temps à la vie; les poiſſons qui reſterent dans le premier réſervoir moururent empoiſonnés.

J'ai mis au sixieme jour des poissons dans le réservoir qui contenoit le chanvre, ils n'en furent pas affectés ni enivrés; mais ayant réitéré cette expérience, & mis le poisson après le sixieme jour dans le réservoir où le chanvre étoit en grande masse, ils ne furent point enivrés; mais tout périt, avec la différence que la mort des poissons fut graduée, d'après leur force, au lieu que les poissons enivrés, l'avoient tous été entre le second & le troisieme jour. Plusieurs observations résultent de ces expériences; la premiere, que le poisson enivré étant à la surface de l'eau, s'il étoit entraîné par des courans, ou par le vent, ou si l'eau n'étoit pas stagnante, ne périroit pas. La seconde, c'est que la fermentation que le chanvre éprouve dans le rouissage, détruit la virulence narcotique & naturelle à cette plante; que le poisson n'y périroit pas de même, s'il trouvoit une plus grande masse d'eau; que l'eau du chanvre est alors au poisson, ce que seroit pour lui une eau de fumier où il périroit également malade, mais non enivré.

Si l'on a vu l'eau des petits routoirs, répandue sur les prés, être nuisible aux plantes, rendre les animaux malades, & même les faire périr promptement, c'est que les engrais trop forts & en masse, brûlent les plantes, & que l'on ne peut sans danger, faire pâturer des animaux sur des herbes chargées & noyées de substances volatiles & putrides, que l'air n'a pas encore évaporées, & que le temps n'a pas assimilées aux sucs de la terre, pour en former ensuite une saine & vigoureuse végétation.

Ce qui fait périr le poisson, est donc la trop grande quantité de chanvre accumulée dans un ruisseau, ou dans une petite riviere : il a beau fuir, il ne peut éviter le sort qui l'attend.

Les anciennes & les nouvelles Coutumes de presque toutes les Provinces du Royaume, par la crainte de l'infection des eaux & des personnes, ont proscrit le rouissage dans les eaux courantes, dans les eaux mêmes qu'on en auroit détournées, à moins qu'on ne les rendît plus aux rivieres, aux étangs, ni aux eaux qui sont d'un usage commun.

Les Réglemens de la Table de Marbre, les Loix forestieres, les Arrêts du Conseil, en ont décidé de même ; ainsi cette défense fait partie du Droit public de France. Les seuls routoirs permis sont les eaux mortes, non poissonneuses, éloignées des habitations. Y en a-t-il beaucoup de ce genre en France, autres que les marais, les marres & les fossés? Ainsi, lorsque la Loi défend si légitimément les *rizieres* tant qu'elles ne seront pas perfectionnées, elle permet, ou disons mieux, elle oblige, pour le rouissage du chanvre, à multiplier ces marres empestées, ces foyers d'infection qu'il faudroit anéantir. La nécessité de réformer cette jurisprudence est bien démontrée, puisque les Préposés sont presque toujours forcés de fermer les yeux; sans quoi il faudroit presque anéantir la culture du chanvre en France, tandis qu'elle mérite à tous égards d'être encouragée par le Gouvernement, car loin de nuire aux récoltes des bleds, elle les augmente par la bonification des champs, & ne laisse pas en pure perte l'année des jacheres. Ne vaudroit-il pas mieux fixer la quantité de chanvre que pourroit recevoir telle riviere, à telle élevation de ses eaux? Il en seroit de même pour les étangs, la contenue en seroit désignée, & l'on exigeroit la même distance des habitations qui est prescrite pour les marres & pour les routoirs artificiels Enfin ne faudroit-il pas une disposition pour l'emploi des ruisseaux, des décharges d'étangs, des routoirs communaux, dont la police appartiendroit à chaque Bailliage.

Ce ne sera qu'en étendant l'infusion du chanvre récent dans une grande masse d'eau, ou en la renouvellant souvent, que l'on préviendra l'odeur désagréable & les exhalaisons dangereuses du chanvre dans cet état. Cependant on ne pourra anéantir son gaz volatil, son esprit recteur propre, qui est incoërcible, qui peut à peine contracter une adhérence momentanée avec l'eau, dans laquelle la plante macere. Ce n'est pas d'ailleurs de cette vapeur, qui, lorsque la plante macere plongée dans l'eau, est moins forte qu'elle ne l'étoit, lorsque le chanvre végétoit; ce n'est pas, dis-je, cette vapeur qui doit nous occuper à présent, mais bien celle que la fermentation y réunit. Dans l'état actuel, les effets véritablement nuisibles du rouissage, seroient si les hommes ou les animaux, buvoient de cette eau; &, certes, l'on n'en boiroit qu'en supposant qu'elle conservât sa limpidité, qu'elle fût sans goût, sans odeur & sans couleur : les Auteurs conviennent, en effet, que c'est un poison violent, contre lequel on n'a pas trouvé de remedes; cependant réfléchissant

ſant ſur la vertu & la grande efficacité du vinaigre contre l'abus des narcotiques, & comme correctif de beaucoup d'autres ſubſtances âcres & virulentes, je voulus faire boire de cette eau à un âne, qui. de tous les animaux, eſt celui qui répugne le moins au chanvre; j'y mêlai du vinaigre, & l'animal n'éprouva aucun mauvais effet de cette infuſion aſſez chargée.

Ce n'eſt pas ſeulement en buvant de cette eau près des routoirs qu'on peut en être affecté, mais même l'eau de tous les puits voiſins où elle a pu tranſſuder; quelque clarifiée que ſoit cette eau, elle n'en eſt pas moins ſuſpecte. On cite une année, où une épidémie ravagea Paris, & dont la cauſe parut être les eaux baſſes de la Seine, dans leſquelles on avoit mis beaucoup de chanvre à rouir au deſſus de cette ville.

Paſſons à un examen plus ſuivi de cette partie du programme. Sans exclure les conſidérations que l'on doit avoir pour la virulence & les autres effets nuiſibles de la plante, ſoit dans ſes principes volatils, ſoit par ceux qui ſont mêlés à l'eau, rendons compte de ce que la fermentation dans le rouiſſage change ou ajoute, aux uns & autres; enfin, paſſons à la recherche des moyens capables d'empêcher, ou de corriger efficacement ses effets dangereux ou fâcheux.

SECTION PREMIERE.

Expériences sur divers moyens de prévenir l'odeur désagréable, & les mauvais effets du rouissage à l'eau.

On a vu que la fermentation avoit changé ou détruit la qualité inébriante du chanvre; le poisson est mort, mais il n'a pas été enivré. L'on sait combien la fermentation change la propriété des corps. Le lait devient vinaigre, le syrop devient vin; une ébulition d'un an, dit M. Baumé, a ôté la qualité narcotique de l'opium; une fermentation d'un jour lui auroit évité ce long exercice de patience.

La fermentation dans le chanvre produit beaucoup d'air; & cet air, lorsque le chanvre rouit, est fétide: c'est de l'air inflammable plus ou moins mixtionné avec d'autres principes volatils du végétal; par exemple, le gaz putride, l'acide & l'air athmosphérique, son principe recteur, ses huiles atténuées, &c., tout cela s'éleve en l'air.... Le phlogiſtique, a dit M. Pringle, eſt ſans odeur par lui-même; mais combiné avec les ſubſtances ſalines & les huiles âcres, atténuées, produites par des ſubſtances décompoſées, il donne la putridité, comme les eaux ſtagnantes corrompues, qui ſont abondamment pourvues de cet air inflammable mêlé d'autres débris. Il les traverſe ſans ceſſe, il ne ſemble pas leur être adhérent; les ſeules grenouilles y vivent. Malheur aux habitans voiſins! malheur encore plus à ceux qui ſont forcés, comme les Rouiſſeurs, d'aller ſouvent remuer ces maſſes d'infection! ils y éprouvent les mêmes affections que ceux qui remuent les boues, les vaſes des étangs & des marais. Lorſque l'air inflammable eſt ſeul ou purifié, MM. Scheele & Fontana, ont pu l'avaler, le reſpirer quelque temps ſans accident. Si ces eaux ſtagnantes pouvoient être ſans ceſſe en mouvement comme l'eſt l'eau de la mer, où malgré toutes les ſources d'infection, il n'y a point de pourriture; alors auſſitôt évaporés que formés, par le ſecours des vents & des courans profonds, les gaz qui s'en dégagent, n'entraînent avec eux aucune autre ſubſtance, & la combinaiſon putride n'a pas lieu, ou au moins n'exiſte-t-elle qu'inſtantanément, & ces gaz s'évaporant ſans ceſſe, ne ſe trouvent pas réunis en une maſſe aſſez grande pour nuire.

L'on apperçoit bien la différence qui doit ſe trouver dans un routoir. Le ſeul moyen de prévenir l'odeur dé agréable & les effets nuiſibles du gaz, eſt donc d'en empêcher l'aggrégation en maſſe ſenſible, puiſqu'on ne peut pas empêcher ſa production. Tout mouvement imprimé à l'eau dans le voiſinage du chanvre, empêchera ſon mauvais effet, & l'odeur ne pourra pas être plus forte que celle qu'auroit le chanvre dans l'eau courante où elle eſt peu ſenſible. Si le routoir eſt placé à la chûte de l'eau d'une écluſe, d'une caſcade, d'une retenue d'eau, il ne donne aucune odeur; mais comme ces moyens ne ſont pas toujours poſſibles, & que ces grandes chûtes d'eau dérangent la fermentation de la maſſe, établiſſez, pour y ſuppléer, ſur des routoirs communaux, un moulin à vent, dont le moteur s'emploiera à agiter l'eau le plus profondément poſſible, & dans toute ſa hauteur. Placez-le au milieu des monceaux de chanvre; & comme cette eau n'aura point de courant, il faudra peu d'efforts au vent pour faire tourner ſur ſon axe un ſimple pignon aîlé, qui battra bien l'eau de toute la longueur de ſes aîles verticales qui y ſeront plongées.

Ne négligez pas de multiplier dans le routoir, ſur ſes bords, les plantes aquatiques; la nature les a preſque toutes douées de la propriété de déſinfecter l'air du lieu où elles croiſſent; elles y ſemblent placées à deſſein par la providence. Les arbres, les bois-blancs ſur-tout, ſe chargent d'air inflammable, & c'eſt la raiſon peut-être pour laquelle dans la fabrique de la poudre à canon, on préfere leurs charbons. Si ces ſecours auxiliaires ne ſont pas ſuffiſans, & ne peuvent abſorber autant d'air méphitique qu'il s'en échappe ſans ceſſe pendant le rouiſſage; alors, dans le grand nombre de moyens que la phyſique préſente comme très-propres à corriger les mauvais effets des ſubſtances putréfiées fixes, c'eſt-à-dire, de celles qui n'affectent pas l'odorat, qui ſont ainſi les plus contagieuſes, & qui comme tous les virus ne communiquent leurs vertus déléteres que par le contact immédiat, nous ne choiſirons que la *chaux*.

Cette ſubſtance admirable parera à tous les effets nuiſibles ordinaires du rouiſſage à l'eau. On en a vu de bien terribles de ces rouiſſages, ſur-tout lorſque l'on a voulu braſſer des tas de chanvre qui avoient été négligés, abandonnés ou pourris. Perſonne même n'ignore la cauſe des ampoules & furoncles qui ſurviennent lorſqu'on ſe baigne même dans de grandes rivieres lors du temps du rouiſſage; delà s'eſt confirmé le préjugé contre les bains dans la canicule. Les principes fixes de cette contagion ſont encore inconnus, & l'on n'a ſur leur marche & ſur leurs phénomenes que des apperçus très-vagues. Ce ſont ſans doute les combinaiſons des principes atténués des corps avec ceux que la putréfaction ou la fermentation volatiliſe; car l'on ſait qu'en empêchant ou modérant ces combinaiſons, on s'oppoſe à leurs mauvais effets. Je ne citerai pour exemple que la belle expérience faite par les Magiſtrats de Dunkerque, d'où il eſt réſulté qu'un très-grand nombre de cadavres, à toutes ſortes de degrés de putréfaction, ont pu être exhumés pendant l'été ſans accident, & le tout par le ſeul effet de la propriété de l'eau de chaux.

On a vu dans le cours de ce Mémoire, que l'eau de chaux ne nuiſoit point au rouiſſage, qu'elle aidoit même à diviſer, à affiner & blanchir la filaſſe. De plus elle retarde & s'oppoſe merveilleuſement aux fermentations, 1°. parce qu'elle abſorbe & s'unit au premier gaz qui ſe développe dans les fermentations, & qu'elle enleve aux autres ce qui les rend nuiſibles, d'où l'on voit qu'elle corrige auſſi efficacement les volatils que les fixes; 2°. parce que, comme Celſe l'avoit très-bien obſervé, *Aqua dura, eſt ea quæ tardè putreſcit.* (*Pars* 4, *ſect.* 11.) L'eau dure s'oppoſe, empêche ou retarde les fermentations; c'eſt pourquoi M. Houri a très-ingénieuſement employé l'addition d'un peu de chaux dans les tonneaux, où l'on conſerve l'eau pour les voyages de long cours ſur mer. La ſeule précaution à avoir, eſt ſeulement de gazer cette eau, lorſqu'on veut la boire. Cette addition d'air fixe, fait précipiter la chaux, & laiſſe l'eau très-pure. La chaux ne rend pas l'eau dure, à la maniere des ſels vitrioliques, comme feroit la ſélénite qui feroit dans l'eau, dans laquelle rien ne fermente, rien ne cuit, qui durcit, pétrifie ou encroûte tout ce qu'elle touche : l'eau de chaux au contraire, adoucit & conſerve; les Tanneurs en font un grand uſage.

La façon de travailler, ſelon cette méthode, consiste à faire tremper les javelles que l'on veut rouir dans un cuvier ou une fosse, où il y aura de l'eau de chaux. On pourroit aussi en mettre en différens intervalles, ou en arroser les masses qui seroient trop long-temps en travail de fermentation. Si ce procédé retarde un peu la fin du rouissage, on en est amplement dédommagé par la certitude d'en faire toutes les manœuvres sans danger; l'addition de la potasse à la chaux, en exalte encore la vertu dissolvante & antiseptique.

Section seconde.

Du rouissage à sec qui supprime tous les inconvéniens du rouissage à l'eau, & le supplée entiérement.

Si ce procédé a quelque mérite aux yeux de la Société Royale, elle doit le considérer comme son propre ouvrage, puisque c'est la derniere partie de son programme, qui m'a fait naître l'idée de l'exécuter, & de reprendre un travail dont je m'étois déja occupé. Par ce moyen on évitera toute mauvaise odeur du chanvre & ses suites.

Cette méthode de rouir eſt bien ſimple & à la portée du Cultivateur le moins intelligent, *pourvu qu'il ſoit accoutumé à connoître les différens degrés du rouiſſage du chanvre*, parce que la perfection des procédés de l'Agriculture & même des Arts, tient peu à la théorie, mais à l'habitude & à la pratique; on ne doit donc pas être ſurpris, ſi l'on ne réuſſit pas complettement dans les premiers eſſais du procédé que je vais indiquer. Il conſiſte à renfermer dans une foſſe creuſée en terre, la quantité de javelles de chanvre que l'on veut rouir, & de les recouvrir d'un pied de terre; le chanvre y ſubit un genre de macération qui eſt une véritable fermentation. La deſtruction entiere du végétal, & ſa converſion en fumier auroit lieu, ſi comme dans le rouiſſage à l'eau, on l'y laiſſoit trop long-temps. Il eſt donc néceſſaire d'arrêter cette fermentation au degré néceſſaire ou la filaſſe ſe détache facilement de la chenevotte, c'eſt-à dire, quand il eſt au vrai point d'un bon rouiſſage.

Ce procédé exige quelques détails. Les foſſes peuvent varier de grandeur & de largeur : j'ai cependant lieu de penſer que ſi elles étoient très-larges, il faudroit les recouvrir d'une couche de terre de plus d'un pied d'épaiſſeur, afin qu'il y eût une plus grande circulation d'air & de gaz dans ſon intérieur. Il faut encore s'oppoſer aux éboulemens de la terre entre les javelles. Si la couche eſt trop ſeche ou trop ſuperficielle, cette couverture ſera arroſée, ainſi que les javelles, ſur-tout ſi les pieds de chanvre ſont arrachés depuis pluſieurs jours, & en raiſon de leur ſiccité. Cette maniere de rouir, permet d'établir la foſſe près d'un endroit où ſoit l'eau néceſſaire au dernier lavage.

On peut employer les foſſes qui ſont déja conſtruites pour d'autres uſages, telles que celles pour les fumiers, ou pour des réſervoirs d'eau; mais il eſt eſſentiel qu'elles ſoient ſeches. Celles à fumier ont toujours accéléré l'opération, à cauſe du levain qu'elles contiennent, ainſi qu'il a déja été dit.

Les foſſes murées ne m'ont pas paru ſi avantageuſes que celles à parois en terre, ſans doute, à cauſe de la grande humidité qu'elles retiennent; mais on peut s'en ſervir ſi elles ſont bien ſeches.

Je penſe encore qu'il faut ſe garder de creuſer les foſſes dans un terrain trop ſec ou graveleux; il abſorberoit l'humidité néceſſaires aux plantes, leſquelles doivent y être amoncelées dans le même ordre que pour le rouiſſage à l'eau. Or, la ſechereſſe empêcheroit ou retarderoit beaucoup la macération que l'on ſe propoſe d'obtenir; car point de fermentation ſans humidité.

Afin de l'y entretenir, & de conſerver la propreté dans les foſſes, il eſt important d'en tapiſſer le fond, les côtés & la ſurface avec des joncs qui retiennent la terre, & empêchent qu'en ſe déplaçant, elle ſe mêle avec les javelles.

Dans l'arrangement des javelles ſur leur plat, il faut placer au centre & perpendiculairement, un certain nombre des plus grandes tiges, qui traverſeront la maſſe des javelles, & s'éleveront au deſſus de la foſſe. Elles ſerviront d'indicateurs du point où eſt le rouiſſage de la maſſe fermentante; lorſque ce rouiſſage ſera avancé, on en retirera fréquemment une ou deux tiges, afin de connoître les progrès de la fermentation, & le point auquel il eſt important de l'arrêter.

Ces plantes enfouïes, macerent & fermentent réellement, d'abord d'une maniere très-inſenſible, enſuite beaucoup trop vîte, ſi l'on ne les ſurveille pas avec la même exactitude qui convient au rouiſſage à l'eau. Les gaz acides & phlogiſtiques s'y produiſent de même; ils y ſont retenus, & forcés de circuler dans toute la maſſe, & de ſe combiner avec les terres qui forment la couverture & avec celles des parois, qui dès-lors deviennent un excellent engrais, ainſi qu'il a déja été dit.

Ces gaz, en parcourant la maſſe, ſe combinent avec le gluten des plantes, dont ils ſont de bons diſſolvans; ils reſtent unis avec l'humidité qui tranſſude, ou que l'on a ajoutée à la plante. Si elle a été dépoſée dans les foſſes, auſſi-tôt qu'on l'a arrachée de la cheneviere, il n'eſt pas néceſſaire d'y ajouter de l'eau.

L'état de la foſſe, la nature de ſa terre, celle de la plante, peuvent faire varier la durée du parfait rouiſſage. Je l'ai toujours obtenu dans l'eſpace de moins de trois ſemaines; ce qui eſt d'autant plus avantageux, que la foſſe ſe trouve débarraſſée, lorſque vient le moment de la remplir de nouveau avec les plantes femelles ou à fruit, ſi on veut les ſéparer des tiges à fleurs.

Lorſque les tiges perpendiculaires ou indicatrices, annoncent que le rouiſſage eſt à ſon point, on découvre la foſſe. S'il arrivoit que l'air qui s'en échappe, incommodât les Ouvriers, on pourroit, près de l'endroit où l'on a pratiqué la premiere ouverture, allumer quelques fagots, & leur flamme évaporeroit tout le mauvais air, quoique je ne l'y aie jamais obſervé. Il ne reſte plus qu'à ſortir les javelles de la foſſe : celles des parois & du centre, m'ont paru être également rouïes. La derniere opération conſiſte à les laver, & enſuite à les faire ſecher, comme il a été dit ci deſſus, en parlant du procédé à l'eau.

Cette méthode donne la ſolution complette de la derniere queſtion du programme ; & j'oſe dire, qu'elle va bien au delà, puiſqu'en faiſant abandonner le rouiſſage à l'eau, elle ſerviroit à faire ſupprimer la cauſe de l'infection des eaux & de l'air. Le rouiſſage à ſec le ſupplée entiérement ; il eſt plus commode, moins coûteux, & nullement dangereux.

Je devrois terminer ici mon travail, puiſque ce qui me reſte à dire eſt étrangera u programme, mais il ſervira comme de complément à cet eſſai.

TROISIEME PARTIE.

Exposé & vues sur la préparation de la filasse, pour la convertir en queues.

I. TILLER, c'est enlever l'écorce du *tilleul* pour en faire des cordes. Il sembleroit qu'on devroit conserver la même dénomination, lorsqu'il s'agit d'indiquer l'action par laquelle on sépare la filasse de la chenevotte, mais l'usage a prévalu; on dit, *teiller*. Le teillage est bon, lorsque la chenevotte casse net, sans engrainures allongées. Il y a deux manieres de séparer la filasse d'avec la chenevotte, savoir à la main, ce qu'on appelle proprement teiller, ou au moyen d'un instrument nommé mâchoire, broye, avec lequel on brise la chenevotte, & on la sépare de son écorce. Il vaut beaucoup mieux teiller les fortes & longues tiges, que de les mâcher: l'instrument les brise avec effort & déchire la filasse. On teille, en commençant par casser vers le pied: si les nœuds ou le mal roui arrêtent la filasse, on casse la chenevotte plus haut pour la reprendre, &c. Lorſqu'on a une grande maſſe de chanvre à teiller, on ſe ſert de la broye, au moyen de laquelle le travail d'une ſeule perſonne équivaut à celui de douze teilleuſes, mais elle mâche & fatigue un peu la filaſſe, ſur-tout lorſqu'elle eſt groſſiere. Dans pluſieurs de nos Provinces, on teille tout le chanvre à la main : ſi on y introduiſoit l'uſage de la broye, on priveroit les femmes & les jeunes gens d'un grand plaiſir. En effet, à quoi s'occuper à la campagne dans les longues ſoirées d'hiver ! Toutes les filles, les femmes, & les enfans du Village ſe raſſemblent à la veillée, tantôt dans une maiſon, & tantôt dans une autre, & ſe rangent circulairement autour de la cheminée, ayant chacun derriere ſoi le nombre des javelles qu'il doit teiller. Celle qui reçoit la Compagnie, fournit les premieres chenevottes pour allumer le feu ; celle qui doit recevoir le lendemain, l'entretient après elle, & ſucceſſivement toutes celles de l'aſſemblée. C'eſt à la clarté de ce feu paſſager, mais actif & ſalutaire que chacun travaille, chante ſa chanſon, fait des contes pour amuſer l'aſſemblée, où la gaieté franche eſt ſouvent aſſiſe à côté de la plus grande miſere. Là ces bonnes gens oublient leurs maux, dont l'usage de la broye ne dissiperoit pas le souvenir. Ces assemblées sont vraiement intéressantes pour l'homme, dont le cœur n'est pas blasé ou corrompu par celles de la Ville. Enfin, c'est-là qu'on peut véritablement étudier l'espece humaine. Un avantage de la broye, c'est d'enlever une partie de cette poussiere si funeste à la poitrine. Par cette raison, le chanvre mâché pese beaucoup moins que le teillé : observation à faire, lorsque l'on achete la filasse brute.

II. L'*espadonage*, *pelage*, *patelage*, est l'opération par laquelle on bat la filasse contre une planche tenue de champ, avec une palette, ou battoir de bois, nommé *espadon*, dans la vue de l'adoucir & de la purger, en brisant non-seulement les parties de la chenevotte qui lui restent unies, mais aussi cette partie gommo-résineuse, qui adhere encore aux fils. Dans plusieurs lieux, on se contente de piler la filasse, en la frappant sur un bloc de bois avec un maillet, ou dans une auge avec un pilon. Ailleurs c'est une auge ronde en pierre, où l'on place des paquets de filasse, sur lesquels on fait rouler un cylindre de pierre mu par l'eau ou par un cheval. Dans toutes ces différentes.

rentes manœuvres, on ſecoue fréquemment la filaſſe, & on lui fait préſenter ſucceſſivement toutes ſes parties au cylindre, afin d'en détacher de plus en plus la pouſſiere âcre.

On a cherché, & déja trouvé pluſieurs moyens de remédier à cette grande incommodité. M. Hellot a vu blanchir avec ſuccès, & bien finir de décruer la filaſſe, rangée par treſſes d'un pouce de diametre dans la chûte bouillonnante de l'eau d'un moulin, en changeant alternativement les treſſes de deſſous en deſſus; elles ſont en peu de jours devenues blanches & luiſantes... On a patelé & pilé dans une auge, dans un mortier, dont l'eau ſe renouvelloit ſans ceſſe.... MM. Home & Marcandier, ont fait macérer la filaſſe dans l'eau claire, pendant trois ou quatre jours, obſervant de la battre, de la laver & de la tordre à pluſieurs repriſes. Tous ces procédés la bonifient beaucoup, lui enlevent la plus grande partie de cette ſubſtance ſi incommode, lorſqu'elle eſt en pouſſiere, & qui pendant la nuit, néceſſite de travailler avec la lumiere renfermée dans une lanterne.

Le ſeul inconvénient de ces patelages & lavages multipliés; eſt dans l'embarras de raſſembler cette filaſſe, qui flotte dans l'eau, & de la conserver en tresse. J'ai pris le parti de la faire renfermer dans des sacs de toile, & de la faire travailler ainsi dans l'eau avec des battoirs dépendans d'une autre usine; opération qui ressemble assez à celle qu'on fait subir au saffranum destiné à donner le ponceau aux soies, pour en séparer la couleur jaune terne qui lui est unie. Toutes les filasses gagnent par ces procédés en proportion de leurs qualités premieres. L'exposition de la filasse aux rosées, au soleil, aux irrigations, sert également à dissoudre la substance qui produit cette poussiere. & qui est unie avec les débris du brin de la filasse elle-même. J'ai employé la terre à foulon, & fait fouler avec le plus grand succès des tresses de filasse. Sa macération avec plusieurs especes de plantes & de racines, dont la propriété est d'être savonneuse, pourroit également être tentée.

M. Home a encore proposé dans les travaux donnés à la filasse, d'employer une dissolution de quelques alkalis unis avec très-peu d'eau de chaux, ou même avec l'eau de chaux forte. Il a démontré que ces substances n'énervoient pas plus les toiles que les lessives ordinaires; il a aussi conseillé les savons & les acides, ce qui certainement donneroit à la filasse une valeur qui seroit ensuite compensée par le moindre prix du blanchiment des toiles, & ces toiles en seroient meilleures.

Dans plusieurs endroits du Royaume, on place les tresses de filasse dans un cuvier, on les couvre d'un drap que l'on charge avec de la cendre ordinaire, seule ou mêlangée de potasse, ou de soude; enfin on coule une lessive en tout semblable à celle du linge. On fera encore mieux, si, sur la filasse & dessous le drap, on peut jeter quelques livres d'huile, même la plus rance; la partie alkaline de la lessive s'unit à cette huile, en forme un savon qui adoucit & blanchit singuliérement la filasse, & dissout en grande quantité la gomme-résine qu'elle retient encore. Les tresses enlevées du cuvier, après l'opération, demandent à être lavées à grande eau courante, & ensuite mises sur le pré, afin de profiter des rosées, & de la lumiere du soleil, qui perfectionne encore leur blanchiment. Il me paroît qu'il vaut infiniment mieux, & à tous égards, travailler sur la filasse pour le blanchiment, que sur la toile; il faut moins de local, & la toile en est plus forte.

M. le Prince de St. Séver publia, il

y a plusieurs années, un procédé pour faire de la filasse très-belle, & aussi fine que celle de Perse : voici en quoi il consiste.

Pour chaque livre de filasse, prenez six livres d'eau, demi-livre de soude pulvérisée, ou des cendres en proportion, enfin un quart de livre de chaux, fleurie ou en poudre.

Il faut prendre la filasse la plus courte, la passer par un peigne à dégrossir, afin de rompre les têtes & en enlever les ordures. On la lie avec une ficelle par paquets d'environ trois onces, & l'on joint ensemble une dixaine de ces paquets avec une petite corde pour pouvoir les laver commodément; ensuite on les met dans une petite cuve de bois, ou de terre cuite, ayant soin de placer toujours au fond le chanvre le plus gros, & on le couvre d'une toile pour recevoir la lessive.

On fait infuser la soude & la chaux pendant vingt-quatre heures, dans la quantité d'eau dont on a parlé, & on la remue de temps à autre; ensuite on met la lessive sur le feu pendant quatre heures, la faisant bouillir pendant la derniere demi-heure, & on la jete toute bouillante sur le chanvre qui est dans la cuve; puis on couvre la cuve afin qu'elle maintienne ſa chaleur. Au bout de ſix heures, on examine ſi la filaſſe ſe diviſe en petits filamens comme ceux des toiles d'araignée, & alors on la retire. Si la leſſive n'eſt pas aſſez faite, on en tire par un trou pratiqué au bas de la cuve, ce qui peut ſortir; on la fait bien chauffer, on la rejette pardeſſus, & on peut encore la laiſſer pendant une heure.

Enſuite on lave bien la filaſſe dans l'eau claire. Après cette opération, on prend une once & demie de ſavon par livre de chanvre, dont on enduit tous les paquets; on les remet dans la cuve, & l'on jette pardeſſus de l'eau bouillante autant qu'il en faut pour qu'ils ſoient bien imbibés, & pas davantage; on les laiſſe ainſi pendant vingt-quatre heures; enſuite on les lave bien juſqu'à ce que l'eau ſorte claire, & on les fait ſecher à l'ombre. Avant de les peigner, il faut les battre avec une ſpatule de bois, afin qu'ils ſe rompent moins quand on les peigne.

On les peigne de la même façon que le lin le plus fin, & par petits paquets. Il faut ſéparer le fil du premier tirage, de celui du ſecond, parce que le premier étant plus fort & plus long, eſt meilleur pour l'ourdiſſure, & l'autre pour la chaîne ; enſuite on fait paſſer les étoupes ou filaſſes, par des cardes à ſoie, & l'on en tire le plus fin. Lorſque le fil eſt fait, il ne faut point le paſſer à la leſſive pour le blanchir, mais ſeulement le laver avec de l'eau chaude & du ſavon ; ainſi préparé, on le met en œuvre. Sur quoi il faut remarquer que le fil fait de ce chanvre, ne diminue tout au plus que d'une once par livre en blanchiſſant.

III. *Du ſérancage* : la filaſſe ſimplement eſpadonnée, ſe met en poignées de deux ou trois livres, que l'on nomme *branches* ou *queues de chanvre brut*, que l'on tord & treſſe lâchement en liaſſe. Sa perfection eſt d'être bien fournie en *têtes* ou *pattes*, (nom qu'on donne à la filaſſe priſe du côté des racines,) d'être forte dans le milieu, & de diminuer dès les deux tiers de ſa longueur, juſqu'à la pointe, qui doit finir en queue de cheval. L'attention que l'on aura eu, en formant les javelles de chanvre à rouir, de placer les plus hautes tiges de chaque ſorte dans le milieu, aidera à conſerver cet ordre aux queues.

Le Séranceur travaille enſuite ces queues, les paſſe en pluſieurs peignes de différente fineſſe. Il dit que ces queues ont beaucoup de pattes, lorsqu'elles se refendent mal, & en forme de rubans qui ne se divisent que vers le pied.

J'ai conseillé de ne pas retrancher la partie de la racine du chanvre que l'on arrache, parce que cette partie, en suivant le procédé que j'ai indiqué, sera aussi bonne qu'une autre : il suffit de la mettre en contact, lors du rouissage, avec celles des têtes un peu feuillées : d'ailleurs, le Séranceur mouche ces têtes au premier peigne, s'il les trouve trop dures ou grossieres.

On nomme séran ou peigne, l'instrument qui sert à séparer l'étoupe du bon brin; l'*étoupe* est le brin de chanvre rompu ou bouchonné ; on emploie pour les cordages, les mêches les plus grosses ; on file les plus fines. M. Guettard a imaginé, au défaut de vieux linges, de faire du papier avec des étoupes ; & il a très-bien réussi. Je ne fais aucune mention de l'affinage & du frottage du chanvre, parce que ces opérations en alterent trop la qualité.

La filasse sérancée, se liasse en branches par deux ou trois livres pour les gros ouvrages, & le fin brin se met en cordons de trois à quatre onces.

Le chanvre le meilleur & le plus parfait, eſt celui qui étant le plus fin, le plus moëlleux, le plus élaſtique, eſt doux, & rompt le plus difficilement, qui eſt blanc, ſans odeur, qui a de l'éclat, & qui eſt luiſant. Ces bonnes qualités tiennent à la maniere de rouir les javelles, de les faire ſecher.

D'autres Concurrens offriront, ſans doute, des moyens plus efficaces que ceux que j'ai préſentés dans ces eſſais; & je le deſire, parce que la ſcience y gagnera; l'aiſance & le bien être du Cultivateur en ſeront plus aſſurés; enfin ſa ſanté ne ſera plus expoſée au funeſtes ſuites du rouiſſage. Puiſſent mes travaux & les leurs, procurer des ſecours aux habitans de la campagne, en leur offrant des méthodes plus ſûres & moins diſpendieuſes.

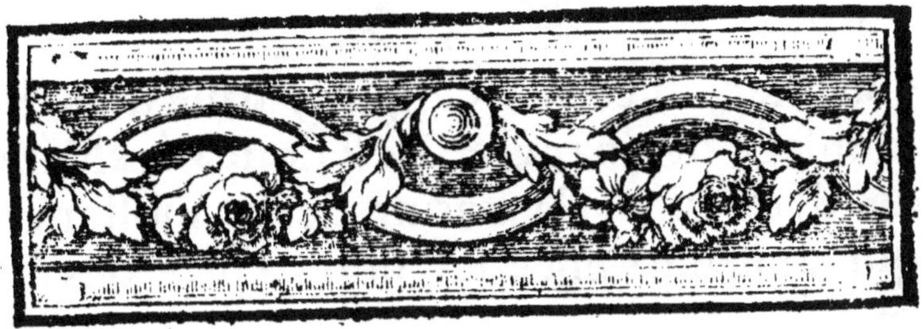

MÉMOIRE SUR LE ROUISSAGE DU CHANVRE,

Qui a obtenu l'Acceſſit,

Par M. PROZET, Maître en Pharmacie, de l'Académie Royale des Sciences d'Orléans, Directeur du Jardin de Botanique de cette Ville, &c.

Cognitu neceſſarium eſt, quid illud ſit quod ſub manibus habetur, quò tutiùs illud tractare liceat.
(*Glauber.*)

LA théorie des procédés, mis en uſage dans les différens Arts, ſuppoſe néceſſairement la connoiſſance des principes conſtituans des corps qui y ſont ſoumis, & des agens que l'on y emploie. Pour pouvoir bien discerner ce qui se passe dans le rouissage du chanvre, il est donc nécessaire de déterminer la nature de la substance qui unit entr'elles les fibres corticales de ce végétal.

Une routine aveugle a toujours conduit cette opération ; & ce qui prouve combien l'art est encore peu avancé à cet égard, c'est qu'on ne trouve dans les Auteurs qui ont traité du chanvre, aucune définition exacte du rouissage. Le plus grand nombre ne le regarde que comme un moyen simple de faciliter la séparation de l'écorce de dessus la partie ligneuse, nul n'exprime l'espece d'altération qui opere cet effet.

Cette observation n'a point échappé à la sagacité de M. Marcandier, aussi, dans son excellent Traité du chanvre, (*pag.* 58.) définit-il le rouissage, *une dissolution proportionnée de certaine quantité de la gomme qui lie toutes les fibres du chanvre entr'elles, & de celle qui les attache à la paille.* Mais il est aisé de sentir que le rouissage n'est point seulement une simple dissolution, où, si l'on veut, une pure extraction de la partie gommeuse du chanvre, puisque dans celui que l'on pratique à sec & en plein air, la séparation des fibres corticales a également lieu, quoique cependant il n'y ait aucune extraction de la partie gommeuse.

M. l'Abbé Rozier, que ses lumieres en physique, & les services qu'il a rendus aux sciences, rendront à jamais célebre, en admettant l'existence d'une substance gommeuse, & sa dissolution *produite par l'eau de la végétation*, attribue la séparation de l'écorce d'avec la chenevotte, *à la fermentation de la partie mucilagineuse, qui détruit l'adhésion & la cohérence du gluten.* (1) Cette altération, ou pour mieux dire, cette destruction des parties de la gomme, que les connoissances chymiques de M. l'Abbé Rozier lui ont fait présumer, je l'ai démontrée dans le Mémoire que j'ai envoyé au premier concours, & j'espere dans celui-ci mettre cette vérité hors de doute. Mais le gluten du chanvre n'est-il réellement qu'une substance gommeuse ? Il me semble que la poussiere qui s'éleve pendant le battage du chanvre, & qui incommode si fort les Ouvriers, auroit dû les convaincre, il y a long-temps, du contraire.

Voyez le *Dictionnaire d'Agriculture*, tom. 3, pag. 8.

La théorie du rouissage est donc entiérement inconnue, & comme par son importance, elle doit influer beaucoup sur la pratique, ce sujet méritoit de faire l'objet des considérations d'une Société qui s'occupe de l'utilité publique, autant que le fait celle au jugement de laquelle j'ai l'honneur de soumettre le résultat de mes expériences & de mes réflexions.

Pour résoudre d'une maniere satisfaisante le problême qu'elle a proposé, j'ai cru devoir diviser mon Mémoire en autant de paragraphes, qu'il y a de questions énoncées dans son programme.

PREMIERE QUESTION.

Quelle est la vraie théorie du rouissage du Chanvre ?

UNE théorie ne peut être lumineuse qu'autant qu'elle est appuyée par des expériences claires & précises. Je tâcherai donc d'établir la nature de la matiere qui unit les fibres de l'écorce du chanvre, avant de proposer mon sentiment sur ce qui se passe dans le rouissage de ce végétal.

Le gluten du chanvre n'est point une

pure gomme; l'eau, dans ce cas, ſeroit ſuffiſante pour l'enlever entiérement; un ſimple lavage dans une eau courante, ſans aucune macération préalable, l'extrairoit facilement, ſur-tout ſi, pour aider l'action diſſolvante de ce fluide, on fouloit le chanvre avec les pieds. Le rouiſſage à l'air, dans les cantons où les ruiſſeaux & les étangs manquent, ſeroit alors une opération ridicule, puiſqu'il ſuffiroit d'avoir un puits, & d'en tirer l'eau, qui diſſoudroit promptement la partie gommeuſe. On ne peut douter que ces moyens n'aient été tentés, & leur inſuffiſance en aura prouvé l'inutilité.

Cette matiere glutineuſe n'eſt pas non plus une réſine; l'eſprit de vin qui diſſout la réſine, n'opére point la ſéparation des fibres de l'écorce du chanvre.

Afin donc de pouvoir prononcer ſur ce qui ſe paſſe dans le rouiſſage, j'ai commencé par faire les expériences ſuivantes.

Premiere Expérience.

J'AI fait bouillir trois onces d'écorce de chanvre non roui, dans de l'eau diſtillée; j'ai paſſé la liqueur par un linge, & j'ai réitéré les décoctions, juſqu'à ce que le chanvre ne communiquât plus aucune couleur à l'eau. J'ai réuni toutes ces décoctions, je les ai évaporées au bain-marie jusqu'à ſiccité, & par ce moyen, j'ai obtenu un extrait brun qui peſoit trois gros. L'ayant mis dans un flacon de cryſtal, j'ai verſé deſſus une once d'æther vitriolique, dans l'inſtant, il s'eſt légérement coloré en jaune, & la couleur a été plus intenſe au bout de quelques jours.

Deuxieme Expérience.

LE chanvre qui avoit ſervi à cette décoction étant ſec, a été auſſi mis dans de l'æther vitriolique pendant quelques jours, & lui a fourni une légere teinture jaune.

LA diſſolubilité dans l'eau de la matiere contenue dans l'écorce du chanvre, prouve, ſans doute, ſa nature gommeuſe ; mais auſſi la teinture fournie à l'æther vitriolique dénote l'exiſtence d'une partie réſineuſe.

Troiſieme Expérience.

VOULANT déterminer dans quelle proportion la réſine s'y trouvoit avec la partie gommeuſe, j'ai mis dans un matras deux onces d'écorce de chanvre ; j'ai verſé deſſus une ſuffiſante quantité d'eſprit de vin bien rectifié, pour que le chanvre fût entiérement couvert ; j'ai fait digérer le tout à une douce chaleur pendant vingt-quatre heures. L'eſprit de vin s'eſt légérement coloré ; j'ai procédé comme dans l'expérience premiere, c'eſt-à-dire, que j'ai ſéparé l'eſprit de vin coloré, & que j'en ai verſé de nouveau ſur le chanvre, juſqu'à ce qu'il n'en ait extrait aucune teinture. Alors, ayant reuni & filtré toutes ces teintures, j'ai retiré tout l'eſprit de vin par la diſtillation dans un alambic de verre, & j'ai trouvé au fond de la cucurbite, une réſine qui avoit une odeur de chanvre ſi forte, qu'elle en étoit nauſéabonde, elle peſoit quarante-huit grains. Cette réſine ſe diſſout très-bien dans l'æther vitriolique, & lui communique une très-belle couleur jaune.

Quatrieme Expérience.

Le chanvre dont j'avois extrait la réſine par l'eſprit de vin, ayant été ſoumis à différentes décoctions dans de l'eau diſtillée, comme dans l'expérience premiere, a fourni par l'évaporation au bain-marie, quatre-vingt-ſix grains d'extrait gommeux, ſec, & de couleur brune. J'ai verſé ſur cet extrait de l'æther vitriolique, & il s'eſt légérement coloré en jaune ; preuve certaine que l'eſprit de vin n'avoit pas extrait toute la réſine ; ſoit que les parties gommeuſes & les parties réſineuſes adhérent trop fortement les unes aux autres, ſoit que lorſqu'une portion de la réſine eſt extraite, les parties gommeuſes devenant ſurabondantes, couvrent le peu de réſine qui reſte, & empêchent ſon contact avec le fluide diſſolvant.

J'obſerverai, relativement à ces expériences, que les ayant répétées différentes fois, j'ai toujours retiré les mêmes produits, ſi ce n'eſt cependant que les quantités relatives de la gomme & de la réſine, ont varié ſuivant que le chanvre étoit plus ou moins bien nourri. En effet, le climat, la culture, le terrain & les intempéries des ſaiſons, influent ſur la conſtitution de ce végétal, comme ſur celle de toutes les plantes. Au reſte, je ne rapporte ici que les expériences qui m'ont fourni un produit moyen : d'ailleurs, il me ſuffit de pouvoir bien déterminer par l'expérience, la nature des ſucs contenus dans les fibres du chanvre : or, il me paroît démontré, d'après l'analyſe que je préſente,

présente, que la matiere qu'elles renferment, est une vraie gomme résine.

D'après cette connoissance, & celle que nous avons déja des altérations, dont la gomme-résine est susceptible, je pense qu'il est très-aisé d'expliquer ce qui se passe dans le rouissage du chanvre. En effet, l'eau dans laquelle on le met macérer, doit d'abord s'introduire dans les vaisseaux qui contiennent la gomme-résine, ou entre les fibres qu'elle unit; alors, la partie gommeuse délayée, prend le mouvement de fermentation qui lui est propre. Ce mouvement intestin l'atténue & la décompose; la fibre qu'elle unissoit doit donc être rendue libre, & pour ainsi dire à elle-même; on peut donc la séparer d'une autre fibre : mais la résine qui, unie au corps muqueux, forme la substance gommo-résineuse du chanvre, n'étant pas susceptible du même mouvement fermentatif reste intacte, & est déposée sur ces fibres qu'elle colore, & auxquelles elle adhere fortement.

Pour se convaincre que les choses se passent, ainsi que je viens de le dire, on n'a qu'à se transporter dans un lieu où l'on a mis rouir du chanvre, on verra que peu de jours après qu'il a été entassé dans l'eau, il s'en éleve une infinité de bulles d'air, qui crêvent à la surface. Ces bulles s'augmentent de plus en plus, & entraînent avec elles, soit quelques parties résineuses, soit des parcelles de la vase du fond, qui forment à la surface de l'eau une pellicule assez épaisse. Or, l'on ne peut douter que ces bulles ne soient des émanations *gazeuses* qui se dégagent du chanvre, par le mouvement intestin qui agite les parties dont il est composé.

Cinquieme Expérience.

Afin de ne laisser subsister aucun doute sur une théorie aussi intéressante, & dont l'évidence m'étoit démontrée par une observation constante, j'ai fait l'expérience suivante.

J'ai coupé par petits morceaux, des brins de chanvre non rouis; j'en ai fait entrer le plus possible dans une bouteille de quatre pintes; je l'ai remplie ensuite entiérement d'eau distillée. J'y ai mis un bouchon de liége, auquel j'avois ajusté un tube de verre, communiquant sous une cloche pleine d'eau, & placée sur la tablette de la cuve de l'appareil hydro-pneumatique. Au bout de quelques jours, l'absorption de l'eau contenue dans la bouteille fut d'un douzieme ; elle se colora ensuite, & à mesure que l'intensité de la couleur augmentoit, la liqueur se gonfloit & reprenoit tout l'espace que l'absorption lui avoit fait perdre. Lorsque l'intumescence fut à son comble, une écume grisâtre & épaisse couvroit la surface de l'eau, un nombre infini de bulles d'air partoient continuellement du fond, & crêvoient à cette surface. Tout ce mouvement, qui dura plusieurs jours, ne pouvoit être, sans doute, que l'effet de la fermentation, & je m'attendois à voir passer le fluide élastique, qui se produisoit dans la cloche sous laquelle étoit plongée l'extrêmité du syphon : mais mon attente fut vaine. Réfléchissant alors sur cette circonstance, je conçus que la quantité de l'eau que j'avois employée étant très-considérable, relativement à celle du chanvre, la plus grande partie de ce fluide avoit été surabondante à la dissolution de la partie gommeuse, & qu'alors cette eau excédente se combinoit, ou pour mieux dire, dissolvoit le *gaz* à mesure qu'il se produisoit. L'expérience confirma mes conjectures ; car lorsque le mouvement fermentatif fut cessé, & que la liqueur eut baissé de l'espace qu'elle avoit perdu avant qu'il commençât, je débouchai la bouteille, & en ayant retiré la liqueur, j'en remplis une cornue, que je mis dans un bain de sable, & dont le bec recourbé fut placé sous la cloche de l'appareil hydro-pneumatique; ayant ensuite chauffé le bain de sable, il passa dans la cloche une grande quantité du fluide élastique.

J'examinai ensuite la nature du *gaz* que j'avois obtenu, & je vis qu'il rougissoit légérement la teinture de tournesol; qu'il rendoit l'eau de chaux laiteuse, & qu'il la précipitoit; qu'il n'étoit point propre à la combustion, puisqu'il éteignoit une bougie allumée qu'on y plongeoit; en un mot c'étoit du gaz acide craieux, ou air fixe.

Or, d'après cette expérience, il est clair que la diminution du volume du fluide n'a été que l'effet de l'absorption, qu'en ont faite, la gomme & les fibres corticales & ligneuses du chanvre, & que l'intumescence qui a suivi, ne peut avoir été produite, ainsi que le *gaz*, que par le mouvement intestin de fermentation qui s'est excité dans les parties constituantes de la gomme.

Quant à ce que j'ai dit, que la résine du chanvre n'étant point susceptible du mouvement fermentatif, avoit été presque entiérement déposée sur les fibres de ce végétal, l'expérience est encore venue à l'appui de cette assertion.

Sixieme Expérience.

En effet, ayant fait évaporer jusqu'à siccité la liqueur de l'expérience précédente, & qui provenoit du rouissage du chanvre, elle m'a fourni un extrait brun, & d'une odeur putride très-désagréable. Cet extrait mis dans un flacon, dans lequel étoit de l'æther vitriolique, lui a communiqué très-peu de couleur; preuve certaine de la très-petite quantité de résine qu'il contenoit.

Septieme Expérience.

D'ailleurs ayant mis digérer dans l'esprit de vin, du chanvre roui, j'ai obtenu une teinture, qui, versée dans l'eau, en troubloit la transparence, & la rendoit laiteuse, & par l'évaporation de l'esprit de vin, j'en ai retiré une résine semblable en tout à celle de l'expérience troisieme. C'est une portion de cette résine, qui, mêlée & répandue dans l'air avec la poussiere qui provient du *detrictus* de l'épiderme, est portée avec cet élément dans les véſicules pulmonaires, par la trachée-artere, où elle excite ces oppreſſions ſuffocantes, ces toux convulſives; en un mot, tous les accidens fâcheux qu'éprouvent les Ouvriers occupés à teiller le chanvre.

Mais la diſſolution & l'altération de la partie gommeuſe n'y ſont pas les ſeules conditions néceſſaires pour opérer la ſéparation entiere des fibres du chanvre, il faut encore que le tiſſu cellulaire ſoit détruit. En effet, on ſait que les couches corticales des végétaux, ne ſont formées que par des faiſceaux de fibres longitudinales, qui dans leurs entrelaſſemens, laiſſent des cavités, ou eſpeces d'alvéoles, qui ſont aſſez larges du côté de l'épiderme, & fort étroites du côté du bois; que ces alvéoles ſont remplies par les utricules qui conſtituent vraiment le tiſſu cellulaire, dont la continuité, depuis le bois juſqu'à l'épiderme, joint & unit enſemble toutes les couches corticales Ces utricules ne ſont qu'une expanſion des véſicules médullaires qui ſe prolongent par des rayons divergens du centre à la circonférence, & doivent être regardées comme l'organe digeſtif des végétaux. C'eſt dans ces petites véſicules, que le principe vital de la plante élabore, ou pour mieux dire, combine à sa maniere, l'eau que les vaisseaux lymphatiques reçoivent de la terre par le moyen des pores absorbans des racines, avec l'air & la matiere inflammable que les trachées pompent dans l'athmosphere. C'est là que la seve se transmue en un suc propre, qui, porté ensuite dans toutes les parties du végétal par la voie des vaisseaux propres, lui donne le goût, l'odeur, en un mot, les différentes propriétés qui distinguent toutes les plantes les unes des autres.

Puisque la réunion des couches s'opere par la pression qu'exercent sur elles les vésicules du tissu cellulaire, l'extraction simple, ou la destruction des sucs que ces utricules contiennent, n'opéreroit point l'entiere séparation des fibres, si en même-temps on ne détruisoit le tissu fin des vaisseaux qui constituent la membrane mince de ces especes de sacs ou vessies. Or, le mouvement fermentatif qui s'excite & commence dans le tissu cellulaire, est seul propre à produire cet effet; car, par l'expansion du fluide élastique qui se produit ou se dégage, il doit distendre & dilacérer entiérement les vésicules. Par conséquent, chaque couche ou faisceau de fibres longitudinales, eſt dégagé des entraves, ou ſi l'on veut, du point d'attache du lien qui l'uniſſoit à une autre couche ou faiſceau de fibres. Ainſi, dans le rouiſſage, non-ſeulement la partie gommeuſe eſt extraite & altérée, mais encore les véſicules du tiſſu cellulaire ſont détruites par l'expanſion qui s'excite dans le mouvement fermentatif qui opere la deſtruction des parties mucides.

SECONDE QUESTION.

Quels ſont les moyens de perfectionner la pratique du rouiſſage, ſoit que l'opération ſe faſſe à l'eau, ſoit qu'elle ſe faſſe en plein air?

D'APRÈS les connoiſſances que l'analyſe nous a fournies ſur la nature des parties conſtituantes du chanvre, il eſt clair que l'on en peut perfectionner la pratique par l'emploi d'un agent, qui en détruiſant le corps muqueux & les réſeaux fins du tiſſu cellulaire, puiſſe encore extraire la réſine du chanvre. Ce moyen, pour être mis en pratique, doit être économique & facile, & on ne peut remplir ces deux objets, qu'en ajoutant à l'eau, qui est le seul dissolvant de la gomme, ce qui lui manque pour agir sur la résine. Il est étonnant que l'on ait méconnu, pour ainsi dire, ou du moins négligé de joindre à l'eau dans laquelle on fait rouir le chanvre, ce supplément que l'on emploie ensuite pour blanchir, soit le fil, soit la toile que l'on en prépare. En effet, il est tout naturel de penser que l'usage de l'alkali fixe dans le rouissage, procureroit un avantage réel. Il agit sur la résine en la décomposant, ou en se combinant avec elle; il forme une espece de savon qui devient soluble dans l'eau, & par conséquent, il peut servir à enlever cette partie tenace, qui en adhérant fortement au chanvre, le salit & le colore.

L'expérience vient ici à l'appui de ce que j'avance. M. Home (*) ayant mis rouir égale quantité de lin dans trois especes d'eaux différentes, l'eau dure, l'eau adoucie avec l'alkali, & l'eau douce, trouva au bout de six jours que l'eau dure & l'eau douce étoient pâles; mais l'eau dure qu'il avoit adoucie étoit d'une couleur vive. Il n'y eût que le lin

(*) *Essai sur le blanchiment des toiles*, pag. 368.

de l'eau adoucie, dont l'écorce fût huileuse au toucher. Il fit sécher une partie de chaque paquet; celui qu'on avoit tiré de l'eau adoucie, étoit d'une couleur plus vive que les deux autres, & paroissoit un peu trop roui; celui de l'eau douce ne l'étoit pas suffisamment, & ne le fut que trois jours après; enfin, celui de l'eau dure se trouvoit dans le même état où on l'avoit mis. Il fallut plus de sept jours encore, pour que le rouissage de ce dernier fût parfait, & le lin qui en provint, n'eut jamais le moëlleux des deux autres paquets.

M. Home, n'ayant fait ses expériences que sur le lin, je les ai répétées à diverses reprises sur le chanvre, & toujours avec le même succès, avec cette seule différence, que le chanvre étoit roui en bien moins de temps que M Home ne l'indique pour son lin; soit que cela provienne de la différente nature des deux substances, soit que la température de la saison dans laquelle j'ai fait mes expériences, fût plus chaude que celle dans laquelle ce savant Anglois a fait les siennes. L'alkali fixe accélere donc le rouissage, & en dissolvant la résine, il rend le chanvre & plus doux & plus fin.

On ne doit point douter que la division extrême dans laquelle ſe trouve la partie réſineuſe par ſon union avec la gomme, ne ſoit la cauſe de cette prompte diſſolution. On pourroit encore aiguiſer cette action, en rendant cauſtique l'alkali fixe, par le moyen de la chaux vive.

Huitieme Expérience.

J'AI rempli de brins de chanvre un grand bocal de verre, de maniere que les brins y étoient très-preſſés. J'ai verſé deſſus deux pintes d'eau diſtillée, dans leſquelles j'avois fait diſſoudre un gros de pierre à cautere : l'eau recouvroit bien le chanvre. Dès le même jour, ce fluide a été coloré; le lendemain, la couleur étoit plus vive; le troiſieme jour, elle fut d'un jaune-brun, le chanvre paroiſſoit alors ſuffiſamment roui; le quatrieme jour, je verſai l'eau, je le lavai bien dans de l'eau pure; je le fis ſécher; & ayant ſéparé la chenevotte, je mis le chanvre dans de l'eſprit de vin qui n'en fut pas coloré; preuve certaine que la réſine avoit été enlevée par l'alkali cauſtique en même-temps que la gomme & le tiſſu cellulaire avoient été détruits.

J'obſerverai cependant qu'ayant une

fois employé pour cette expérience un chanvre très-gros, & dont l'écorce étoit verte, parce qu'il avoit été cueilli avant sa parfaite maturité, l'esprit de vin en tira après le rouissage une teinture très-verte ; mais cette teinture versée dans de l'eau, n'en altéroit point la transparence, & s'y mêloit parfaitement. Je fis évaporer l'esprit de vin, & le résidu se trouva entiérement soluble dans l'eau, & la colora en verd. La résine du chanvre, & surtout celle qui constitue la partie colorante verte des végétaux, est donc altérée & réduite à l'état savonneux par l'alkali caustique.

La méthode du Prince de St. Séver, pour rendre le chanvre aussi beau & aussi fin que celui de Perse, (*) est encore un surcroît de preuves pour l'utilité de l'emploi de l'alkali caustique dans le rouissage. Cette méthode, qui consiste à faire macérer le chanvre dans une lessive de soude rendue caustique par la chaux, démontre d'une maniere évidente, que si la résine n'est pas le plus puissant moyen que la nature ait employée pour unir les

(*) *Journal de Physique*, Introd. tom. 2 p. 584.

fibres corticales du chanvre, elle met cependant un obſtacle à leur entiere ſéparation, lorſqu'elle a été dépoſée ſur elles.

Je ſens bien que l'on oppoſera contre le moyen que je propoſe, la difficulté de faire macérer une grande quantité de chanvre, & ſur-tout l'impoſſibilité de le pratiquer dans une eau courante : mais, qui eſt-ce qui empêcheroit de faire des foſſés ou routoirs, (*) dans leſquels on conduiroit l'eau, que l'on rendroit alkaline par le moyen d'une leſſive de cendres & de chaux vive. Une grande cuve de bois pourroit également ſervir à cet uſage. D'ailleurs, le peu de temps qu'il faudroit laiſſer macérer le chanvre pour le rouir, ſeroit une facilité pour y en ſoumettre une plus grande quantité dans le même eſpace

(*) Je ne décrirai point la forme que doivent avoir ces routoirs, ni la maniere de les conſtruire. On ſent qu'elles doivent varier ſuivant les lieux & les pays, puiſqu'il en exiſte où il ſeroit impoſſible de les conſtruire en pierre par la rareté des matériaux. Au reſte, une foſſe quarrée, bien propre, bien battue, & glaiſée, pour qu'elle ne perde pas l'eau, eſt ſeule ſuffiſante, & n'exige pas une forte dépenſe. Je voudrois ſeulement qu'elle fût un peu en pente vers l'une de ſes extrêmités, afin de donner l'écoulement à l'eau, & de faciliter ſon renouvellement, lorſqu'il ſeroit néceſſaire.

de temps que l'on emploie par la méthode ordinaire. Ce chanvre ainsi macéré, pourroit être porté tout de suite, ou au bout de quelques jours, dans une eau propre ou courante, pour y être lavé, & par-là entraîner toutes les matieres qui auroient passé à l'état savonneux. Outre l'avantage du moindre emploi de temps & de la qualité supérieure du chanvre, on auroit encore celui de pouvoir pratiquer cette méthode dans les endroits dénués d'eau; celle des puits remplaceroit avec la même efficacité l'eau des ruisseaux. Dans le cas où la facilité d'une eau courante dissuaderoit de la construction d'un routoir, on pourroit, pour accélérer le rouissage, tremper chaque paquet de chanvre dans une eau chargée d'une dose plus forte d'alkali caustique, mettre ce chanvre en tas pendant un ou deux jours, & ensuite le porter à l'eau pour achever de le rouir. Cet entassement donneroit le temps à l'eau alkalisée de pénétrer l'écorce du chanvre, & d'en altérer le tissu des vésicules & sa gomme-résine, au point de détruire l'un & l'autre, en les rendant entiérement solubles dans l'eau.

On m'objectera sans doute encore la dépense que ce moyen entraîneroit sur une grande quantité de chanvre : mais outre les que frais seroient bien compensés par l'économie sur le temps, & plus encore par le prix du chanvre qui seroit d'une qualité supérieure ; il est aisé de démontrer que cette dépense seroit en elle-même très-peu de chose. En effet, l'expérience huitieme prouve qu'il faut très-peu d'alkali pour rendre l'eau très-propre à remplir l'objet que l'on se propose. Une livre de potasse & une livre de chaux, seroient suffisantes pour un poinçon d'eau qui contient deux cent pintes. On pourroit encore économiser en se servant des cendres qui proviennent du chauffage. Six livres de cendres calcinées, où comme on dit, bien cuites, & une livre, ou une livre & demie de chaux vive, donneroient à un poinçon d'eau qui les lessiveroit, la faculté de produire l'effet desiré. D'ailleurs, si cette mince dépense étoit encore un obstacle, on auroit la facilité, pour plus grande économie, de garder les lessives des différens blanchissages qui se feroient dans l'année, en les évaporant & les rapprochant, afin que leur volume ne devînt pas embarrassant. Alors, il n'y auroit qu'à les verser sur de la chaux vive en quantité suffisante, pour que non-seulement elle dépouillât l'alkali de l'acide craieux, ou air fixe; mais encore, pour qu'elle détruisît les matieres mucides & grasses, dont elles se seroient surchargées par le blanchissage du linge.

Au reste, pour achever de répondre à toutes les objections, & ne rien laisser à desirer sur les avantages qui doivent résulter de cette méthode de rouir le chanvre, j'ajouterai que M. le Prince de St. Séver, ayant calculé la dépense avec le produit du chanvre préparé à sa maniere, a trouvé un bénéfice de cinquante pour cent.

TROISIEME QUESTION.

Quels sont les cas où le rouissage à l'air ou à l'eau, est préférable à l'autre?

Le rouissage à l'air ne peut dans aucun autre cas que celui d'impossibilité, être préféré au rouissage à l'eau. En effet, l'humidité que l'air ou la rosée fournissent, agit lentement sur la partie gommeuse du chanvre; par conséquent, elle ne peut être délayée assez promptement & suffisamment, pour recevoir le mouvement fermentatif qui doit la détruire, ainsi que le rézeau vésiculaire qui la contient; ce mouvement

mouvement ne peut y être que lent, alternatif & partiel ; peut-être même qu'il ne s'y établit jamais, & que la destruction de cette gomme n'est que l'effet des dissolutions successives qu'elle éprouve. Cette alternative d'humidité & de sécheresse, me paroît un moyen insuffisant pour détruire entiérement le corps muqueux. Une partie doit être mise à couvert par la réunion des parties résineuses : d'ailleurs, ces derniers doivent s'amonceler par la destruction lente & partielle de la gomme. D'où il suit que les fibres corticales doivent conserver entr'elles une certaine adhérence, ce qui est prouvé par l'expérience, qui démontre que dans le rouissage à l'air, on n'obtient jamais un chanvre aussi beau, ni aussi aisé à blanchir que par le rouissage à l'eau.

Si l'on veut donner à ce chanvre les qualités qu'il auroit acquises par le rouissage à l'eau, il est indispensable alors d'avoir recours à l'excellente pratique que M. Marcandier a indiquée, pour perfectionner le chanvre roui. (*) On le rendroit encore plus parfait, si la macération

(*) Voyez le *Traité du chanvre*, pag. 90 & suivantes.

qu'il preſcrit ſe faiſoit dans une eau alkaliſée, ſuivant la méthode que j'ai propoſée.

Mais dans le rouiſſage à l'eau, que je préfere, il faut encore diſtinguer celui qui ſe fait dans les eaux courantes, de celui qui a lieu dans celles qui ſont ſtagnantes. Il eſt certain que dans ces dernieres, la chaleur qui s'excite dans le tas par la fermentation de la partie gommeuſe, peut altérer la conſtitution des fibres corticales elles-mêmes. On ſait en effet, que les végétaux ne ſont en entier qu'une matiere mucide qui a acquis plus ou moins de dureté ou de ſécheresse. D'ailleurs, comme je l'ai déja obſervé, la partie réſineuſe non altérée, reſte unie au chanvre. Dans le rouiſſage à l'eau courante tout ſe paſſe différemment; la fermentation eſt moins véhémente, parce qu'à meſure qu'elle s'excite par la diſſolution de la gomme, une nouvelle eau qui afflue ſans ceſſe, entraîne néceſſairement toutes les parties muqueuſes, altérées ou détruites. Cette lotion ſuccédant rapidement & pour ainſi dire inſtantanément, au mouvement fermentatif qui altere une portion de la réſine, eſt entraînée à raiſon de ſon extrême diviſion, & de ſon union avec la gomme. Le chanvre roui dans une eau courante, aura donc l'avantage sur celui qui est roui dans une eau stagnante, d'être plus blanc, plus beau, & d'autant plus fort que ses fibres n'ont point été endommagées par la chaleur que le tassement & la fermentation excitent dans une eau stagnante. Cette chaleur ne pouvant exister dans un chanvre qu'une eau courante délave & rafraîchit sans cesse.

Il est vrai que cette chaleur accélere le rouissage ; mais les avantages qui résultent de celui qui se fait dans une eau courante, doivent bien compenser la perte de temps que l'on y éprouve. J'en conçois tellement l'utilité, que je voudrois même, dans la méthode que j'ai proposée, qu'après deux ou trois jours de macération dans l'eau alkalisée, on changeât l'eau, s'il étoit possible. Le chanvre que l'on obtiendroit seroit de la plus grande blancheur.

Il y a encore un désavantage très-grand à rouir le chanvre dans les eaux stagnantes ; elles sont ordinairement très-bourbeuses : or, le mouvement fermentatif qui s'excite dans le chanvre, produisant de la chaleur, il s'ensuit un dégagement très-grand de l'air inflammable contenu dans cette vase. Les bulles de cet air, en s'élevant du fond à la surface, entraînent nécessairement les parties les plus légeres de la bourbe, qui long-temps suspendues dans l'eau, se déposent enfin sur le chanvre, & le salissent. Je connois un canton de la Province que j'habite, dans lequel le chanvre est presque noir, parce que les Paysans le font rouir dans un ruisseau très-vaseux, & dont les eaux n'ont point de mouvement. Un Particulier a cependant trouvé le moyen de parer à cet inconvénient, en commençant par faire un très-bon lit de paille, sur lequel il place son chanvre, & qu'il entremêle couche sur couche avec de la paille. Par ce procédé très-simple, il est parvenu à avoir du chanvre blanc. Il est visible qu'en multipliant les surfaces, il a paré à l'accumulation de la vase sur son chanvre, peut-être même aussi une portion de la résine du chanvre lui-même s'est-elle portée sur la paille.

QUATRIEME QUESTION.

Y auroit-il quelque maniere de prévenir l'odeur désagréable, & les effets nuisibles du rouissage à l'eau ?

L'ODEUR qu'exhale le chanvre qui rouit, provient des *gaz*, acides, craieux, inflammables, qui se dégagent de toute matiere végétale ou animale en fermentation. D'où il suit qu'il est impossible d'empêcher ces émanations, dès que l'on soumettra une certaine quantité de chanvre au rouissage dans des eaux stagnantes. Les vapeurs qui s'élevent de la vase de ces eaux, ne peuvent que se multiplier toutes les fois que l'on y portera de nouveaux germes de putréfaction. On peut, à la vérité, les diminuer, en ayant bien soin d'effeuiller le chanvre, mais on ne peut les corriger.

Le meilleur moyen d'éviter les exhalaisons, seroit de faire rouir le chanvre dans l'eau aiguisée par l'alkali caustique, ainsi que je l'ai indiqué. La dissolution prompte de la substance gommo-résineuse du chanvre qu'elle opéreroit, est sans contredit le plus sûr préservatif : d'ailleurs, l'alkali, comme antiſeptique, oppoſe un obſtacle inſurmontable à la fermentation. J'ai eu la preuve de ce que j'avance ici dans mon expérience huitieme; quelque attention que j'aie apporté à ce qui s'y paſſoit, je n'ai vu aucun mouvement dans la liqueur; la diſſolution s'eſt faite ſans dégagement d'aucun fluide élaſtique, & l'eau du rouiſſage, qui a été très-prompt, n'exhaloit aucune mauvaiſe odeur.

Le rouiſſage à l'eau courante me paroît encore un moyen infaillible contre les mouvemens que l'on cherche à prévenir. La ſubſtance gommeuſe, entraînée dans l'inſtant même qu'elle s'altere, ne peut paſſer à la putréfaction, & fournir par ſa décompoſition entiere, des miaſmes putrides qui infectent l'athmoſphere.

CONCLUSION.

L'EXPÉRIENCE étant le ſeul guide que j'ai ſuivi, je penſe avoir démontré par elle.

1°. Que le rouiſſage n'eſt autre choſe qu'une opération par laquelle on détruit l'adhéſion des fibres corticales entr'elles, en ſe ſervant de l'eau pour exciter dans la gomme un mouvement fermentatif qui la décompoſe, tandis que l'expanſion qui en eſt l'effet, déchire & détruit les véſicules du tiſſu cellulaire dans leſquelles cette gomme eſt contenue.

2° Que le chanvre contenant une matiere réſineuſe, intimément unie à la partie gommeuſe, le meilleur moyen d'en perfectionner le rouiſſage, ſeroit d'aiguiſer l'action de l'eau par celle de l'alkali cauſtique, qui rempliſſant toutes les conditions néceſſaires au rouiſſage, procureroit encore un plus grand avantage par la diſſolution entiere de la réſine, & par une ſuite néceſſaire, plus de blancheur & de fineſſe au chanvre.

3°. Que dans la pratique ordinaire, le rouiſſage à l'eau courante eſt préférable à celui qui ſe pratique à l'air, ou dans une eau ſtagnante, parce qu'en réuniſſant tous les avantages des deux autres, il n'eſt ſujet à aucun de leurs inconvéniens.

4°. Enfin, que l'emploi de l'eau aiguiſée par l'alkali cauſtique, joint encore aux avantages que j'ai fait connoître, celui de prévenir l'odeur déſagréable, & les effets nuiſibles du rouiſſage à l'eau pure & ſtagnante.

MÉMOIRE SUR LE ROUISSAGE DU CHANVRE,

Qui a mérité les éloges de la Société Royale.

Ut varias usus, meditando, extunderet artes.
Virg. Georg. lib. 1.

L'ILLUSTRE Société destine une récompense à celui qui remplira mieux son objet, vraiment patriotique, touchant la maniere de perfectionner le rouissage du chanvre ; en est-il de plus flatteuse que l'honneur d'obtenir son suffrage, & d'être utile à son pays ? C'est dans ces sentimens que je vais tâcher de répondre avec précision, aux questions proposées. Je ne dirai rien qui ne soit appuyé sur mes propres expériences, lesquelles m'ont dévoilé les erreurs où ont été induits les Auteurs qui ont traité ou parlé de cet objet important de production.

Pour se décider sur les moyens d'améliorer le rouissage du chanvre, soit que l'opération se fasse par l'eau, soit qu'elle se fasse en plein air, il faut d'abord distinguer ces deux méthodes. La premiere qui consiste à faire rouir le chanvre dans un routoir est très-connue, cependant je ferai à ce sujet des observations que je crois utiles. La seconde est de l'étendre sur la terre pour qu'il se rouisse par l'effet de la rosée & du soleil ; on sait que l'une & l'autre méthode tend à séparer l'écorce de la chenevotte, ou si l'on veut, de la partie ligneuse.

Rouissage du Chanvre par l'eau.

On s'assure de la maturité du chanvre, lorsqu'on voit les tiges du mâle jaunir, la fleur sécher & tomber en poudre, & qu'il y a des tiges du mâle d'un roux foncé, c'est alors le temps de l'arracher

Le chanvre femelle, c'eſt-à-dire, celui qui produit la graine, & que le vulgaire nomme improprement mâle, ne jaunit & ne ſe flétrit pas ſi-tôt; il conſerve plus long-temps ſon verd foncé, par la raiſon qu'il eſt deſtiné à végéter encore juſqu'au milieu de Septembre, temps où la graine touche à ſa maturité.

Les Auteurs, entr'autres ceux de l'Encyclopédie, ſuppoſent que dans le mois d'Août on fait le tirage, & qu'on n'arrache que le mâle pour laiſſer fructifier toutes les plantes de la femelle; mais l'on ne ſuit point cet uſage dans les pays où l'on ſeme beaucoup de chanvre; on ne laiſſe ſubſiſter les tiges de la femelle qu'à concurrence de la ſemence dont on a beſoin l'année ſuivante; ſi l'on en agiſſoit autrement, on auroit une trop grande quantité de graines, & ce ſuperflu ne pourroit ſervir qu'à faire de l'huile, dont la valeur ne dédommageroit pas l'Agriculteur de la perte qu'il eſſuieroit ſur la quantité & la qualité de la filaſſe des tiges laiſſées pour produire la graine, car elle n'a plus, à beaucoup près, la fineſſe & la ſoupleſſe du chanvre arraché en Août, & ne s'emploie guere qu'à la corderie.

Ainſi, lorſque l'on s'apperçoit de la

maturité du mâle, ou chanvre à fleurs, par les ſignes ci-devant indiqués, on peut arracher auſſi la femelle, quoique ſon écorce paroiſſe verte & végétative, elle ne rendra pas moins de la bonne filaſſe.

Après que le chanvre eſt arraché, il n'eſt point néceſſaire, comme le diſent les Auteurs de l'Encyclopédie, de l'expoſer au ſoleil pour faire ſécher les feuilles & les fleurs, ni de le frapper contre un mur, ni contre un tronc d'arbre pour les faire tomber; c'eſt un travail tout à la fois vain & pénible, puiſque l'opération du routoir & l'étendage, ſuffiſent pour putréfier, & faire tomber les feuilles & les fleurs.

Ce ne peut être que ſur des inſtructions inexactes que ces Auteurs ont dit, qu'il faut faire ſécher le chanvre au ſoleil; M. de Bomare, d'après M. Marcandier, a raiſon de dire, qu'il vaut mieux rouir le chanvre, quand il eſt verd, & que les ſucs circulent encore, que d'attendre qu'il ſoit ſec; lorſqu'il pleut ſur du chanvre ſec, ajoute-t-il, la pluie le tache & le noircit, & il faut plus de temps pour le rouir.

En effet, lorſque le chanvre eſt verd, nouvellement arraché, les pores de ſa tige ſont plus ouverts, elle eſt plus ſuſceptible d'être pénétrée par l'eau qui diſſout & chaſſe au dehors la ſeve gommeuſe qui unit l'écorce à la chenevotte ou partie ligneuſe ; au contraire, ſi l'on fait ſécher le chanvre avant de le mettre au routoir, ſes pores ſe reſſerrent, l'eau eſt plus long-temps à le pénétrer, & le rouiſſage s'opere difficilement, d'autant plus que ſa matiere gommeuſe & ſa fécule, ont éprouvé de l'altération pendant la deſſication.

Mais j'oſe aſſurer que M. de Bomare s'eſt trompé à ſon tour, en diſant qu'il faut couper la tête & la racine du chanvre avant de le mettre dans le routoir; c'eſt un travail non-ſeulement long & inutile, mais encore déſavantageux : on conçoit en effet, que la filaſſe devenant, par ce procédé, obtuſe à ſes deux extrêmités, ne peut pas ſi bien ſe lier à la filature ; d'ailleurs, c'eſt une perte réelle ſur la quantité & le poid de la filaſſe, qui eſt très-bonne, juſqu'à l'extrêmité ſupérieure. Il eſt vrai que celle de la racine, ou de la partie voiſine, eſt plus groſſiere, mais l'Ouvrier la ſépare aiſément ſur les peignes, & en forme une qualité qu'on nomme *têtes*, qui, quoiqu'inférieure à l'autre, ne laiſſe pas de ſe filer, ou de ſervir à des cordes d'emballage. Il ſuffit donc, en arrachant le chanvre, de battre les poignées contre la terre, ou contre le pied de l'arracheur, pour en détacher le peu de terre qui y reste, & d'en faire des paquets du poids d'environ quinze livres, pour les porter au routoir sans délai.

Les Auteurs de l'Encyclopédie donnent à un routoir, trois ou quatre toises de longueur, sur deux ou trois de largeur, & trois ou quatre pieds de profondeur; ils disent que les routoirs ne sont quelquefois que de simples fossés, & qu'on fait aussi rouir du chanvre dans le lit des rivieres; ils ajoutent que ce dernier procédé est abusif, & ils ont raison sur ce point.

Quant aux dimensions des routoirs, il vaut mieux ne leur donner qu'environ douze pieds de largeur sur toute la longueur qu'on souhaite; j'en connois beaucoup qui, sur la largeur de douze pieds seulement, ont cent, & jusqu'à cent-quarante pieds de longueur; il est évident, qu'il est plus facile d'y placer & d'en retirer les pierres & les autres fardeaux dont on charge le chanvre, & qu'on est mieux à portée d'observer l'opération du rouissage sur toute la surface. Il est à propos aussi que le routoir ait au moins quatre pieds de profondeur; par ce moyen, il peut contenir une plus grande quantité de chanvre, qui trempe mieux dans l'eau.

Ce qu'il y a de plus essentiel, quoique négligé par les Auteurs qui ont traité de l'Agriculture, & par la plus grande partie des Laboureurs du Royaume, c'est de paver l'aire du routoir, de lui donner sur sa longueur une pente d'environ neuf lignes par toise, & de l'environner de murs à la hauteur du terrain, avec une vanne à son extrêmité inférieure; il résulte de ce procédé plusieurs avantages.

1°. Le routoir conserve toujours son premier diametre, au lieu que s'il n'est qu'en terre, il s'élargit à sa surface supérieure, & se rétrécit à l'inférieure par les éboulemens de terre, ce qui occasionne un travail annuel pour relever la terre qui s'est éboulée.

2°. Le chanvre étant plus propre, la filasse est plus belle.

3°. Si les bottes de chanvre qui sont au fond du routoir gissent sur la terre & sur la vase, elles sont exposées à se pourrir, ce qui n'arrive pas lorsqu'il y a un pavé.

4°. Par le moyen de la vanne, on peut

proportionner la quantité d'eau à celle du chanvre.

5°. Enfin, les routoirs conſtruits dans cette forme, exhalent moins de mauvaiſe odeur, & il eſt bien plus facile de les nettoyer.

Il eſt vrai que tous les Agriculteurs ou Propriétaires, ne ſont pas en état de faire la dépenſe des murs d'entourage; mais du moins, ne faut-il pas négliger de paver l'aire du routoir, & d'y placer une vanne, ce qui ne ſauroit être bien diſpendieux.

Le routoir doit être placé au ſoleil; on y arrange le chanvre à trois, quatre ou cinq paquets de hauteur, c'eſt-à-dire, en proportion de la profondeur du routoir, & de l'élevation que l'eau peut acquérir; on le couvre de ſolives, de madriers, ou de planches qu'on charge de pierres, ſans qu'il ſoit beſoin d'y ajouter de la paille, comme le diſent quelques Agronomes; mais il eſt plus utile & plus commode de faire cet arrangement à ſec, que lorſque le routoir eſt plein d'eau; car en ce cas, il eſt très-difficile, pour ne pas dire impoſſible, de l'arranger exactement, & le rouiſſage ne ſe fait jamais ſi bien, parce que la fermentation ne peut s'opérer d'une maniere aussi uniforme & aussi efficace lorsqu'il reste des lacunes, des espaces vuides entre les bottes, que lorsqu'elles sont exactement rangées & pressées.

Si l'on veut avoir tout à la fois de l'eau propre, & dont la froideur ne prolonge pas l'opération du rouissage, il faut former à quelque distance, & au dessus du routoir, une marre, fermant aussi avec une vanne, dans laquelle on fera couler d'avance, & séjourner une quantité suffisante d'eau pour remplir le routoir, & lorsque le chanvre y aura été arrangé, on lâchera les eaux de la marre pour le remplir, ce qui sera plus promptement exécuté, & par-là, l'on préviendra cet autre inconvénient, qu'une partie du chanvre reste trop long-temps à sec, tandis que l'autre trempe dans l'eau.

Le courant d'eau destiné à renouveller celle du routoir, entrant & sortant aussi de cette même marre, y perdra sa crudité, sa froideur, & l'on aura encore cet avantage, que si l'on est dans le cas de dériver les eaux d'une riviere, d'un torrent, &c., dont les eaux se trouveroient troubles & chargées de vase, elles se clarifieront dans la marre par leur séjour, leur

leur ſtagnation, & ne porteront pas dans le routoir les parties hétérogenes dont elles étoient chargées.

Enfin, c'eſt auſſi un moyen efficace pour nettoyer le routoir, & prévenir la mauvaiſe odeur qui s'en exhale, comme nous l'expliquerons plus particuliérement dans la ſuite.

Le chanvre eſt plutôt roui, lorſqu'il fait chaud, que lorſqu'il fait froid; dans une eau croupiſſante & tiede, que dans une eau froide qui coule; parce que la fermentation augmente évidemment en raiſon de la chaleur de l'air & de l'eau; auſſi ne peut-on pas déterminer au juſte, le temps qu'il faut pour le rouir; cependant il eſt très-important qu'il ſoit roui à propos; car s'il l'eſt trop, la filaſſe perd de ſa quantité, de ſon poids & de ſa force; & s'il ne l'eſt pas aſſez, l'écorce reſte trop adhérente à la chenevotte, la filaſſe eſt dure, élaſtique, & l'on ne peut jamais bien l'affiner.

Entre ces deux extrêmes, il y a aſſurément une moyenne proportionnelle; l'eau qui pénetre la tige du chanvre, aidée de la fermentation qui s'opere dans le routoir, diſſout & chaſſe au dehors la gomme naturelle qui unit l'écorce à la

M

tige ; mais la partie la plus pure, la plus déliée de cette ſubſtance gommeuſe doit reſter dans l'écorce pour conſerver ſa ſoupleſſe & ſa cohérence.

Si le rouiſſage eſt pouſſé juſqu'à la putréfaction, par un trop long ſéjour du chanvre dans le routoir, la filaſſe ſera légere, foible, incohérente, parce qu'elle ſe trouvera entiérement dépourvue de cette partie la plus pure & la plus ſubtile de la ſeve gommeuſe, dont elle doit reſter impregnée, quoiqu'en très-petite quantité.

Au contraire, ſi le rouiſſage eſt imparfait, la filaſſe ſera dure, élaſtique, impropre à être bien affinée, parce qu'elle reſtera empreinte d'une trop grande partie, & de la partie la plus groſſiere de cette même gomme naturelle à la plante.

On s'expoſe à l'inconvénient du premier de ces deux cas, ſi l'on fait rouir le chanvre dans une eau croupiſſante & tiede, ſans y menager un petit courant d'eau pour la renouveller, parce que la fermentation étant trop précipitée, peut tromper l'œil & la vigilance du Laboureur.

D'ailleurs, dans l'eau croupiſſante, toujours plus ou moins chargée de vaſe, la filaſſe prend néceſſairement une couleur terne, qui la rend moins marchande, &

il s'exhale plus de mauvaiſe odeur du routoir, que lorſque l'eau y eſt renouvellée par un courant.

On doit donc donner la plus grande attention à ſon routoir, & lorſque le rouiſſage eſt à ſon vrai point, il faut auſſi-tôt en retirer le chanvre, ranger les bottes en pyramides pour faire un peu écouler l'eau avant de les délier & de les étendre, & y employer le plus de bras qu'il eſt poſſible pour accélérer le travail.

Il eſt étonnant que les Agronomes n'aient indiqué d'autre ſigne pour reconnoître ſi le chanvre eſt roui à propos, qu'en éprouvant ſi l'écorce ſe leve aiſément & de toute ſa longueur de deſſus la chenevotte.

Je puis aſſurer que l'opération ſeroit en partie manquée, ſi l'on s'en tenoit à ce procédé, c'eſt-à-dire, que le chanvre ſeroit trop roui, ſi en rompant les tiges, l'écorce s'en ſéparoit aiſément, en un ſeul brin, dans toute leur longueur.

Il faut au contraire, que cette ſéparation éprouve une légere difficulté, que l'écorce ne ſe détache de la chenevotte qu'en formant un brin fourchu, vers le tiers, ou la moitié de la longueur de la chenevotte, comme un effet de la foible réſiſtance qui doit encore ſubſiſter, & qui cede enſuite entiérement à l'opération de l'étendage : ce n'eſt là d'ailleurs, qu'une conſéquence du principe que je viens de poſer, que l'abſence totale de la ſubſtance gommeuſe, ſeroit auſſi funeſte à la qualité de la filaſſe que ſa ſurabondance.

Au reſte, il ne faut pas ſe borner à faire l'expérience ſur les tiges qui ſont les plus ſuperficielles dans le routoir, il faut la faire auſſi ſur d'autres tiges tirées des bottes du ſecond ou du troiſieme rang & du centre ; car il arrive ſouvent que les tiges les plus expoſées au ſoleil, dans le routoir, ſont plutôt rouies que celles des bottes inférieures.

Quand on a retiré le chanvre du routoir, qu'on a laiſſé écouler l'eau des bottes rangées droites, comme nous l'avons dit, il faut les délier entiérement, les étendre & les faire ſécher ; mais ce n'eſt pas comme le diſent les Auteurs de l'Encyclopédie, le long d'un mur, ou ſur la berge d'un foſſé, ou ſimplement à plat, dans un endroit où il n'y ait point d'humidité : aſſertions puiſées ſur de fauſſes inſtructions priſes d'Agriculteurs inexpérimentés. Il faut au contraire, étendre le chanvre ſur des prairies nouvellement fauchées, ou qui ont ſervi de pâturage aux beſtiaux, c'eſt-à-dire, dont l'herbe ſoit très-courte: enfin, faute de cette eſpece de ſol, il faut les étendre ſur les terres à bled, où il croît un peu d'herbes après les moiſſons.

Cet étendage eſt préférable à tous autres, parce que la roſée dont cette herbe courte s'imbibe pendant la nuit, lave le chanvre, & en perfectionne le rouiſſage, en abſorbant la quantité ſuperflue qui peut reſter de la ſubſtance gommeuſe, dont j'ai parlé; & qu'elle blanchit & adoucit la filaſſe; au lieu qu'en le faiſant ſécher ſous un abri, la couleur n'en eſt jamais ſi belle, & la filaſſe n'a pas la même ſoupleſſe, reſtant trop empreinte de la ſubſtance gommeuſe ou partie extractive, qui ſe trouve répandue ſur la ſurface extérieure de la tige, par l'action du routoir.

Le chanvre ayant été étendu, comme je viens de le dire, il faut l'y laiſſer pendant quatre jours, ſi le temps eſt beau. Quand il a reçu d'un côté deux roſées, on le tourne de l'autre avec une perche de huit à neuf pieds de longueur, pour en recevoir autant de cet autre côté, & lorſqu'il eſt ſec, on le lie en paquets, & on le ſerre pour le teiller enſuite dans le temps qu'on veut.

Si au contraire, il pleut, pendant que le chanvre eſt étendu, il ne faut pas laiſſer de le retourner avec la perche; mais lorſqu'il a reçu la pluie des deux côtés, ne fût-ce que deux ou trois heures, il n'eſt plus beſoin qu'il reçoive de roſée, & il faut épier le moment où il ſera ſec pour l'enlever ſans délai, car s'il recevoit plus long-temps la pluie, il pourroit ſe griſer ou ſe noircir, & la filaſſe éprouveroit la même imperfection, que lorſque le rouiſſage eſt porté trop loin & tend à la putréfaction.

Il me reſte à parler des tiges du chanvre femelle qu'on a laiſſé pour porter la graine, & qu'on n'arrache qu'au mois de Septembre; il eſt certain que ſon entiere maturité rend ſon écorce trop ligneuſe, & ſa filaſſe plus groſſiere & plus rude que celle du chanvre arraché en Août. Cependant on le fait rouir comme l'autre, auſſitôt qu'on en a retiré la graine, & ſi l'automne eſt trop pluvieux & trop froid, on peut même renvoyer ſon rouiſſage au printemps ſuivant, comme je l'ai vu pratiquer pluſieurs fois; mais il vaut mieux le rouir ſans délai, s'il eſt poſſible, par la raiſon que j'ai déja donnée, que le rouiſſage eſt plus accéléré & plus efficace, lorſque la tige du chanvre eſt verte, que lorſqu'elle eſt ſeche.

Du rouiſſage au ſoleil & à la roſée.

CETTE méthode ne doit être pratiquée que dans les cas où l'on ne peut ſe procurer des routoirs & des eaux. On étend le chanvre qu'on vient d'arracher ſur un pré nouvellement fauché, ou ſur un pâquis, ou enfin ſur une terre en jacheres où il y ait un peu d'herbes, & l'on a ſoin de le tourner & de le retourner chaque jour, ou du moins de deux en deux jours, juſqu'à ce qu'en rompant les tiges, on trouve que l'écorce ſe ſépare de la chenevotte.

Mais, quelques ſoins qu'on puiſſe donner à ce genre de rouiſſage, on éprouve toujours deux inconvéniens nuiſibles; 1°. s'il ſurvient des pluies tant ſoit peu durables, ou des brouillards, l'écorce de ce chanvre devient noirâtre ou griſe, ce qui rend la filaſſe moins marchande, & par-là même, moins précieuſe.

2°. Elle eſt plus dure, plus élaſtique & moins ſuſceptible d'être affinée que celle du chanvre paſſé au routoir, parce qu'il y reſte une ſurabondance de la ſeve gommeuſe & de la fécule, naturelles à la plante, que la roſée n'a pas la puiſſance de diſſoudre & jeter au dehors, parce qu'elle n'eſt pas continuelle & n'eſt pas ſecondée par la fermentation qui s'opere dans un routoir.

Et cette ſubſtance gommeuſe qui abonde trop dans la filaſſe étant très-ſuſceptible d'attirer l'humidité, il s'enſuit que la toile ou les cordes qu'on en fabrique, ſe tourmentent, ſe roidiſſent, ſe coupent, & ne ſont pas de durée, comme celles fabriquées avec la filaſſe du chanvre paſſé au routoir, qui eſt comme naturaliſée & habituée à l'eau, & qui, ne conſervant que la partie la plus pure & la plus atténuée de cette ſubſtance gommeuſe, propre à lui conſerver ſa ſoupleſſe & ſa cohérence, ſe prête à tous les mouvemens, & aux accidens de l'humide & du ſec.

Ainſi, ſous tous les rapports, & dans tous les cas, le rouiſſage à l'eau eſt préférable à celui qui ſe fait au ſoleil & à la roſée.

Moyens pour prévenir, autant qu'il eſt poſſible, l'odeur déſagréable & nuiſible du rouiſſage à l'eau.

La forme & la propreté du routoir, le renouvellement de l'eau, la facilité de la faire écouler du routoir après que le chanvre en eſt retiré; enfin, les ſoins qu'on peut donner, pour qu'il n'y reſte, ni de la vaſe, ni de l'eau fétide; voilà les moyens qui paroiſſent ſe préſenter pour prévenir la mauvaiſe odeur qui s'exhale des routoirs, & les ſuites fâcheuſes qui peuvent en réſulter.

J'ai déja obſervé que le routoir doit être d'environ douze pieds de largeur, ſur telle longueur qu'on veut, & d'environ quatre pieds de profondeur.

Que l'aire doit être pavée, & avoir neuf lignes environ de pente par toiſe; qu'il eſt très-utile de l'environner de murs à la hauteur du terrain, avec une vanne à ſon extrêmité inférieure.

J'ai fait appercevoir auſſi les avantages qu'on ſe procure en formant au deſſus du routoir, une marre où l'on recueille les eaux qui ſervent à remplir le routoir, & dans laquelle paſſe & ſe tiédit le petit courant d'eau qui vient renouveller celle du routoir.

Lorſqu'on voudra en retirer le chanvre, on ouvrira d'abord la vanne pour faire écouler l'eau du routoir; auſſi-tôt que le chanvre en aura été retiré, on ouvrira auſſi la vanne de la marre, en ſorte qu'il s'en écoule une bonne quantité d'eau, & à ſon arrivée dans le routoir, deux hommes avec des rables ou de forts balais, agiteront & dirigeront cette eau de maniere qu'elle puiſſe entraîner le reſte de la vaſe & que le fond du routoir reſte propre.

Par ce procédé bien ſimple, on préviendra la fermentation & les évaporations fétides de la vaſe, & l'on pourra, s'il eſt néceſſaire, faire un ſecond rouiſſage, ſans nuire à la qualité du chanvre & de la filaſſe ce qui ſeroit impoſſible, ſi le routoir reſtoit mal-propre.

On conçoit, par ce que je viens de dire, qu'il eſt utile de placer les routoirs dans des endroits où l'on trouve une pente naturelle & ſuffiſante pour l écoulement des eaux. J'ajoute que ſi le propriétaire à des prairies dans le voiſinage, il fera très-bien d'y conduire ces eaux pour les en arroſer, car elles y porteront la fécondité ; mais en ce cas, pendant huit jours environ, il ne faudra pas y faire paître les bestiaux, car ils pourroient en être incommodés.

Il peut arriver qu'on soit obligé d'établir les routoirs dans des endroits où il n'y a presque point de pente, & où l'on ne pourroit ni établir une provision d'eau dans une marre supérieure, ni donner à l'aire du routoir l'inclinaison dont j'ai parlé, ni le nettoyer par un écoulement complet.

En ce cas, il n'y a d'autre ressource que celle de puiser sans retard la vase qui reste au fond du routoir, & ce travail ne sera pas sans récompense, car cette vase portée dans un champ, ou sur un pré, y servira d'engrais qui dédommagera le Propriétaire, des frais du travail.

Par ce moyen on préviendra également la fermentation & la putréfaction de la vase dans le routoir, & les exhalaisons qui en sont l'effet nécessaire.

Soit qu'on suive ce procédé, soit qu'on fasse usage du premier, qui est sans contredit préférable, il en résultera encore cet avantage que l'eau & la vase du routoir n'iront pas infecter les ruisseaux ou les rivieres, & ne nuiront pas aux poissons qui, lorſque les eaux des routoirs abondent juſqu'à un certain point, en ſont enivrés & périſſent même quelquefois.

Je m'eſtimerai heureux, ſi ces obſervations peuvent remplir les vues de l'illuſtre Société, & ſi j'obtiens ſon ſuffrage, j'òſerai dire d'après Horace : *Sublimi feriam ſidera vertice.*

INSTRUCTION FAMILIERE

Sur la Culture & le Rouït du Chanvre, à l'uſage des Gens de la campagne,

PAR M. le Chevalier de Pertuis (*).

AVANT-PROPOS.

LA culture du chanvre ne convient qu'aux petits Cultivateurs de terres à la charrue, ou à bras, aux Vignerons, aux Journaliers, & aux Gens de métier dont la profeſſion ne prend pas tout leur temps, ou celui de leur famille. Ceux qui font faire toutes les préparations qu'il exige avant la vente, n'y trouvent qu'un foible bénéfice.

(*) Ce Mémoire n'a point concouru pour le prix. L'Auteur l'a remis à la Société Royale d'Agriculture, & elle a penſé qu'il convenoit de le faire imprimer, parce qu'il préſente beaucoup de détails ſur la pratique.

Cultiver cette plante, c'eſt s'aſſurer des journées pour les ſaiſons où l'on n'en a que peu, ou point. C'eſt ſe mettre hors du cas d'offrir ſes bras à vil prix ; c'eſt ſe donner des reſſources pour payer les rentes, les loyers & les impôts ; & après y avoir ſatisfait, on trouve encore ſon linge, des habillemens, & de quoi s'éclairer. D'ailleurs, dit le proverbe, on ne gagne jamais tant qu'en travaillant pour ſoi.

Quelque bonne que ſoit la culture des grains, elle produit beaucoup moins au menu peuple, que celle du chanvre. Depuis long-temps on dit, au Laboureur les terres, au Vigneron les vignes, &c. Lorſqu'on a quelques terres à ſoi, ou autrement, on peut mettre une portion en chanvre. A qualité égale, la plus proche de la maiſon doit être préférée ; la cheneviere veut entendre le chant du coq.

Si vous n'avez point de terres, louez-en; pour déterminer les Propriétaires à le faire, augmentez le loyer ordinaire, s'il le faut; la terre étant bonne, vous y trouverez encore un grand avantage en ſuivant ce qu'on va vous dire. Il vaut mieux cela que d'être oiſif : pluſieurs petits profits en font un gros; qui ne gagne rien depenſe plus qu'un autre.

Avant de vous inſtruire, on s'eſt inſtruit ſoi-même, & ce qui ſuit eſt le réſultat d'une pratique éclairée, ſuivie pas-à-pas. Puiſſent les ſoins qu'on a pris d'en recueillir les principes, tirer de la miſere une multitude de familles laborieuſes & honnêtes, qui n'y ſont plongées que faute d'occupation !

Pour pluſieurs de vous, tout ce qu'on va dire ne ſera pas nouveau, mais le plus grand nombre pourra y trouver ſon utilité, & de bons conſeils.

Du Chanvre.

CETTE plante nous vient des Indes, elle croît & meurt chaque année; en moins de quatre mois & demi, on la ſeme & on la récolte.

Elle pouſſe droite & ſeule, c'eſt-à-dire, ſans tâler ou trocher. Sa tige eſt creuſe, ſa racine eſt pivotante, ſon écorce eſt ce qui ſe file, ou ſert à faire des cordages; on fait de l'huile de ſa graine, & des tourtes du marc preſſuré, qui ſervent à engraiſſer les beſtiaux.

Le chanvre a deux ſexes : le mâle porte les fleurs; on le nomme mal-à-propos femelle. La femelle porte la graine, & c'eſt elle qu'improprement on nomme mâle. La graine eſt connue ſous le nom de chenevis. Le chanvre eſt une des plus utiles plantes que nous ayons. Rien ne peut encore la ſuppléer avantageuſement; elle ſert aux riches comme aux pauvres.

La France en conſomme aujourd'hui, entre trois & quatre cent millions de livres, en toiles, toilettes, fil, vêtemens, cordages, voitures, ſacs, ficelles, enveloppes, &c. C'eſt à-peu-près du tiers à moitié plus qu'on n'en uſoit il y a cinquante ans, ſuivant toute apparence.

On ſeme bien plus de chanvre aujourd'hui qu'autrefois; on le cultive mieux dans beaucoup d'endroits, & cependant ce qu'on a ne ſuffit pas, puiſque nous en tirons de l'Etranger, tandis que ci-devant nous lui en vendions. Sa valeur a doublé depuis trente ans. Notre climat lui convient, & lorſqu'on obſerve le temps de ſemer, que la cueillette & le rouit ſont ſoignés, il y eſt généralement meilleur que dans les pays du nord & du midi. Dans l'un, il fait trop froid pour que le chanvre ait de la force; dans l'autre, il fait trop chaud pour qu'il y ſoit ſouple & liant: d'ailleurs il veut de l'eau après avoir été ſemé.

Sa hauteur dépend de beaucoup de circonſtances; telles que le temps, les terres,

terres, les positions & les soins. Elle est estimée bonne à cinq pieds : on en voit de sept & de huit pieds. On a vu en Auvergne, des chenevottes entieres beaucoup plus longues.

La filasse du chanvre qui porte les fleurs est toujours plus douce, plus forte & plus estimée que celle de la femelle qui porte la graine ; elle donne plus de cœur, plus de filasse forte. Voyons quelles sont les terres qui conviennent le mieux à cette plante.

Des terres qui conviennent au Chanvre.

On voit du chanvre sur toutes les especes de terres indistinctement, mais à culture & soins égaux, les meilleures sont celles qui en rapportent le plus ; cependant il y en a sur lesquelles on ne peut récolter de froment, & qui produisent presque toujours beaucoup plus de chanvre que les meilleurs sols : tels sont tous les lieux aquatiques qui peuvent être facilement desséchés, & qui ont une couche de terre noire, ou plus ou moins brune.

Cette plante pivote, par cette raison, elle demande un terrain qui ait du fond. Si la couche de terre reposoit sur un banc de pierre, ou de tuf, ou de greve, qu'elle n'eût pas au moins un pied, elle n'y réussiroit point dans les années seches & chaudes; l'extrêmité de son pivot veut trouver du frais, & voilà la raison pour laquelle elle réussit si bien dans les terrains humides. Voici par ordre de bonté les terres qui lui conviennent le mieux, avec la maniere de préparer celles qui ne le sont pas.

Premiere espece. La terre du bord des grands marais.

Si l'eau se trouve à la superficie, saignez le terrain par des fossés; faites des planches de trente pieds de large, & rejettez la terre des fossés sur les planches. Ne baissez l'eau que de dix-huit pouces au plus. Si les chaleurs & les sécheresses sont longues, engorgez les fossés pour y faire monter l'eau à dix pouces, ou un pied près de la superficie.

Si l'année est pluvieuse, baissez les eaux autant que vous le pourrez.

Si la terre rejetée des fossés est comme un terreau de couche, c'est de la tourbe pure. Comme elle est trop légere, il est essentiel de la porter sur des terres voisines qui ne soient pas noires, en guise d'engrais; sans cela, le chanvre pourroit rester très-court dans les années chaudes, à moins qu'on ne pût élever les eaux, comme on l'a dit ci-devant, à dix ou douze pouce de la superficie. Du reste, aucun autre amendement ne sera nécessaire, & peut-être pendant des siecles.

Si des sources sortent des pentes voisines, on en évacue les eaux par des fossés qui viennent se rendre dans les autres.

Seconde espece. Les terres où les fromens versent presque toujours, les prés enclos ou non, les pâtures grasses, les fonds d'étangs.

Pour ameublir la terre des prés, des pâtures & des étangs, on doit y prendre quelques récoltes d'avoine ou d'orge. Sur les terres très-grasses, point de fumier qu'on n'en voie le besoin, de même sur les prés, les pâtures & étangs.

Troisieme espece. Toutes les terres sourcieuses & humides, les petits marais des vallons, des pentes & des gorges. (1)

(1) Il y a une quantité immense de ces especes d'héritages, qui sont sans valeur, ou qui ne donnent que quelques mauvais herbages, ou quelques bois blancs, ou des grains versés ou niellés.

Pour les deſſécher, on ceinture ces terrains par des foſſés ; ſi après on voit que l'intérieur ſoit encore trop humide, ou trop frais, on le coupe par des rigoles dirigées dans le ſens de la pente.

Avant de ſemer du chanvre, quelques récoltes d'avoine, ou d'orge, doivent auſſi précéder. Point de fumier pendant les dix premieres années, à moins que les récoltes ne ſemblent diminuer.

On a vu de ces terrains dont le fond ne valoit pas 100 livres l'arpent, qui, défrichés & enchanvrés, ſe ſont vendus 8 à 12 & 1500 liv.

Quatrieme eſpece. Toutes les terres à froment.

Pour celles-ci, il n'eſt queſtion que de bonne culture & d'engrais.

Cinquieme eſpece. Les terres légeres, ou qu'on nomme brûlantes.

Il y en a de trois ſortes, les marneuſes, les craieuſes & les ſablonneuſes. Pourvu qu'elles aient du fond, le chanvre y viendra. Si le climat & la poſition ſont chauds, on doit ne commencer que par des eſſais, à moins qu'il n'y en ait déja de faits qui aient réuſſi.

Celles-ci, comme preſque toutes les

terres à froment demandent des fumiers chaque année, & comme on le ſait, cette eſpece abonde.

Les ſables noirs ou bruns, un peu frais, valent ſouvent autant que les meilleures terres.

Toutes terres fumées annuellement, s'améliorent même en ne ceſſant pas de rapporter. On a des exemples de ſables mouvans, qui, avec le temps, ſont devenus de bonnes chenevieres par les engrais ordinaires qu'on leur a donnés. La premiere année ils ont peu rendu de filaſſe, la troiſieme environ 200 livres; leur produit commun, aujourd'hui, eſt de 3 à 400 livres au moins.

Pour qu'un ſable s'améliore, il faut que le grain en ſoit fin; ſi cela n'eſt pas, ne tentez jamais de le faire. Si le climat eſt chaud comme en Provence, en Languedoc & en Guienne, ne tentez pas même de bonifier les ſables fins mouvans, à moins qu'ils ne ſoient élevés dans les montagnes, ou qu'ils ne ſoient humides.

Sixieme eſpece. Les jacheres des bonnes terres à froment, & ſpécialement celles qui verſent leur froment.

Tous autres terrains manquans, on

peut louer ceux-ci, comme on le fait dans les environs de Meaux.

Le Fermier loue aux particuliers pour une ſomme quelconque, des portions de jacheres, auxquelles il donne deux labours.

Le Locataire fume, & en donne un troiſieme pour ſemer.

Le chanvre récolté, le Fermier refume ou parque, donne deux labours, un herſage, & ſeme ſon froment à la fin d'Octobre. *

D'autres Fermiers font autrement : Ils ſement eux-mêmes le chanvre ſur leurs jacheres. Prêt à récolter, ils le vendent par quartier, par demi arpent, ou par plus grandes parties, à raiſon de tant la perche. Le chanvre récolté, ils préparent leurs terres & les ſement en froment à la fin des couvrailles. Ne craignez pas d'éfruiter les terres, ce double fumage répare leurs pertes avec uſure.

Quand les meilleures terres propres au chanvre ne ſe trouvent pas proches des demeures, il faut les aller chercher plus loin ſans héſiter.

Le chanvre n'eſt pas une plante délicate comme le lin, qui ne veut que des terres douces ; il vient également ſur les plus fortes avec des différences qui ne ſont pas notables, lorſqu'on ſe donne les peines convenables, car on n'a rien ſans cela.

Des labours.

PRÉFÉREZ les labours à bras à toutes les charrues ; préférez la bêche à la houe & à la fourche, à moins que la terre ne ſoit forte : ce labour eſt plus long, mais il eſt plus profond & plus convenable aux racines pivotantes du chanvre. Plus le terrain eſt remué profondément, plus le chanvre s'éleve. C'eſt le tréſor caché du bon homme, on ne peut le trouver qu'en fouillant la terre.

Une terre bien diviſée ſe prend moins de ſéchereſſe qu'une autre.

On dit qu'un labour eſt profond, quand il a neuf à dix pouces. La culture à bras, peut les donner : la charrue la mieux attelée, va difficilement à ſix pouces.

Cultivée à la charrue, la cheneviere doit recevoir au moins trois façons, un léger avant l'hiver, un ou deux profonds au printemps, & un léger avant de ſemer. Après ceux du printemps, donnez un coup de herſe pour réduire les mottes. (1)

(1) Les chenevieres trop en pente, ou dont les terres s'emportent facilement par les eaux des pluies, ne doivent pas ſe labourer avant l'hiver.

Les terres fortes & poiſſeuſes en demandent quatre, ainſi que toutes celles qui ſont humides & qui ſe plombent; ſavoir, un après la cueillette, l'autre en Octobre, le troiſieme en Avril, le quatrieme en ſemant. Labourez à plat, ou en larges planches, & point en ſillons ni bellans de quatre ou de deux raies.

En cultivant à bras, on peut ne donner que deux façons aux terres plus ou moins douces; il en faut trois aux fortes terres: dans les deux cas, donnez-en une d'entr'hiver, & l'autre ou les autres, au printemps.

Si la terre eſt forte ou froide, mettez toute la cheneviere en buttes de douze à quinze pouces de hauteur, avant l'hiver; les gelées l'ameubliront. Au printemps, répandez les buttes, ce ſera la ſeconde façon. A la ſemence, labourez de nouveau, & les choſes ſeront en bon état.

Rien de ſi commun que les ſentiers dans les chenevieres proches des Villages; en labourant, ces ſentiers donnent des groſſes mottes; caſſez-les bien avant de ſemer; écraſez juſqu'aux plus petites, après avoir ſemé, ſans perdre de temps, car deux jours après, il eſt quelquefois trop tard, le chanvre leve. Ne dites point, tou cela eſt pénible, mais penſez que la terre ne donne beaucoup de fruit qu'à ceux qui la tourmentent.

Des Amendemens.

Les chenevieres rapportent tous les ans: il faut les fumer chaque année, au moins celles qui en ont beſoin, & le nombre en eſt grand. Soyez attentifs à vous procurer des engrais; négliger de le faire, c'eſt ſupprimer les deux tiers de la récolte. Donnez à la terre, elle vous rendra. Pour parvenir à le faire, il ne faut qu'un peu de prévoyance.

Les fumiers les plus conſommés, les plus gras & les plus chauds, ſont les meilleurs pour le chanvre.

Outre les engrais ordinaires des baſſes-cours, on a les fumiers de pigeons & de volailles; le crottin des animaux paſſant dans les rues & chemins, les cendres des plantes marines & les boues de la mer; les chaumes verſés dans les endroits où paſſent les beſtiaux; les balaieures des manufactures; les pouſſieres & les feuilles qui ſortent du chanvre en le battant; les vuidanges des privés, les ſuies des cheminées, les boues des rues, les terres urineuſes tirées de deſſous les beſtiaux, la tourbe crue miſe en pouſſiere pour les terres qui ne ſont pas noires, les cendres de bois, celles des groſſes herbes & des arbuſtes ſauvages, qui valent encore mieux, comme chardons, orties, fougeres, roſeaux, glaïeux, genets, genevriers & autres, pris & brûlés encore verts. Les feuilles des arbres, priſes peu après leur chûte, & brûlées tout de ſuite. Ces cendres peuvent s'employer ſeules. Elles ſont bonnes auſſi, étant mêlangées avec le fumier de pigeons & volailles. Avec quelque ſoin, on peut dans le cours de l'été & de l'automne, ſe procurer un ou deux ſetiers de ces cendres; les vieillards, les femmes & les enfans, peuvent couper & brûler les plantes.

Ces mêmes plantes cueillies en fleurs, & jetées toutes vertes dans un trou ſans eau, couvertes d'un peu de terre, & arroſées, feroient encore un engrais préférable aux cendres.

Si tout manque, ce qui ne ſe peut guere, on a encore une reſſource; celle de creuſer un trou dans ſon jardin, d'y porter les dépôts gros & menus de ménage, & de les recouvrir de trois ou quatre hottées de terre, ou de plus, ſuivant le nombre des perſonnes, tous les quinze jours.

Si l'on ne ſe trouve pas aſſez inſtruit à cet égard, on peut conſulter l'Inſtruction familiere que nous avons donnée ſur les engrais.

Quand on a des marnes, on doit en verſer ſur les terres fortes, & ſur celles qui ſe frappent aux pluies pour les adoucir & les ouvrir, mais cela ne diſpenſe pas de fumer.

La tourbe crue ameublie, miſe en pouſſiere, fera le même effet, & l'on n'aura pas beſoin de fumier.

Sur les terres très-froides des pays froids, on enterre le grand fumier au dernier labour; ſur les moins froides, au commencement du printemps. Dans les climats plus doux ou plus chauds, on le fait avant l'hiver, ou au printemps.

Le fumier de pigeon s'emploie à raiſon de douze à quinze ſetiers, meſure de Paris, par arpent, meſure de Roi. Dans le Nord de la France, lorſqu'on ſeme à la houe, on le met au fond de la raie avec la ſemence; dans les autres cas, on l'enterre à la herſe en même temps que la ſemence. Plus au midi, il ſeroit à craindre qu'il ne fît beaucoup de mal en le répandant ſous raies; l'enterrer à la herſe, eſt préférable. Son grand effet dépend de l'état humide de la terre, quand on le verse, ou des pluies qui tombent immédiatement après.

Quelque chaud que soit le fumier de pigeon, la cendre des grosses plantes sauvages l'est encore plus. Deux ou trois setiers suffisent pour un arpent, encore faut-il que les terres soient froides, car sur les légeres, il n'en faudra qu'un setier & demi à deux setiers.

La cendre veut être enterrée à la herse avec la semence, si la terre est bien trempée. Si elle est seche, il faut semer la cendre après que la semence est enterrée; la premiere pluie en fondra les sels.

Regles générales pour les engrais.

1°. Plus les engrais sont fins, divisés, consommés, plus on doit les donner tard aux terres.

2°. Plus ils sont consommés, moins il en faut: par exemple, si la vuidange des privés étoit seche & en poussiere, deux setiers au plus, suffiroient pour un arpent. On en dit autant de la suie des cheminées, & des cendres.

3°. Il faut moins de ces matieres & des terres bien impregnées de l'urine des animaux quand on en a, que de crottin d'animaux ou d'oiseaux.

4°. Il faut moins de ces crottins que

de terreau ; moins de terreau que de grand fumier, & moins de fumier gras que de maigre ; on nomme fumier maigre celui qui ſort des écuries où les litieres abondent.

5°. Une terre à froment paſſable, a beſoin de fumiers, lorſque dans une année un peu favorable, elle ne donne pas au moins huit cent livres de filaſſe brute.

6°. Les terres légeres en ont preſque toujours beſoin.

7°. Lorſque le chanvre reſte verd & & flaſque, ſans force, ou qu'il verſe, c'eſt que la terre devient trop graſſe ; alors, ceſſez de fumer pendant un ou deux ans, enſuite ne donnez qu'un demi engrais : en ſemant dru, on éprouvera rarement cet accident.

De la ſemence.

SEMEZ la graine de la derniere récolte ; la vieille ne leve point, ou leve mal.

Si vous n'avez pas de chenevis, achetez celui qui eſt luiſant, d'un beau gris-brun, avec peu de grains blancs.

Semez dru ſur une bonne terre qui a de la vigueur, & un peu moins dru ſur une légere.

Semer dru, en enterrant le chenevis à la herſe, c'eſt en mettre un ſetier, un quart meſure de Paris, & en l'enterrant à la houe, un ſetier un cinquieme, le tout par arpent meſure de Roi.

L'ignorant croit tout ſavoir, le ſage demande avis. Si vous n'avez pas d'expérience, faites ſemer votre chenevis, & voyez comme on le fait.

Clair ſemé, il donne plus de graine & moins de filaſſe; ſemé dru, moins de graine & plus de filaſſe, qui eſt beaucoup meilleure. On doit opter pour la filaſſe, elle produit plus que la graine.

Le chenevis s'enterre à la herſe, ou à la houe; de cette derniere façon, il faut un peu moins de ſemence, car rien n'eſt perdu.

Comme il ne ſort pas de terre en perçant, mais en la ſoulevant, il veut être peu recouvert.

S'il ſurvenoit de grandes pluies après l'avoir ſemé, prenez des rateaux pour rompre la croûte qui ſe ſera formée, ſans quoi le chenevis ne leveroit pas : étant germé, on détruit, il eſt vrai, avec le rateau une partie des plantes; mais il vaut mieux cela que de tout perdre.

Mis en terre, il faut le garder ſoigneuſement des poules & des pigeons, juſqu'à ce qu'il ait quatre feuilles, ſans quoi, ces oiſeaux font de grands ravages:

les Chenevieres étant raſſemblées, un enfant peut veiller ſur un petit canton; plus étendu, il auroit peine à le défendre.

Le chanvre veut être ſemé dans le temps propre à chaque pays. En ſemant trop tôt, les gelées ſont à craindre; en ſemant trop tard, ce ſont les ſéchereſſes. Le chanvre ſemé trop tard, eſt toujours tendre & caſſant; il décheoit plus en le travaillant. Pour trop attendre, il faut y être forcé par le défaut d'humidité de la terre. On ſeme fructueuſement quand on peut le faire après ou immédiatement avant une pluie douce. Lorſque le moment ſe préſente, ſaiſiſſez-le, & ſuſpendez vos autres travaux.

Défendez l'entrée de vos chenevieres aux poules & aux beſtiaux, par des haies d'épines, de bourées de paille, ou autrement; ils ne peuvent que leur faire un grand tort.

De la cueillette.

Le mâle qu'on nomme femelle, eſt bon à cueillir, lorſqu'il jaunit: plus ce jaune eſt beau & plus le chanvre annoce de qualité. La maturité eſt parfaite, lorſque les pouſſieres de la fleur tombent en abondance en touchant la tige.

Sur les terrains très-gras, ou trop fumés, ou trop clair-semés, ou à l'ombre, le chanvre reste quelquefois verd. On sait toujours qu'il est mûr, lorsque les poussieres se détachent abondamment.

Le chanvre trop mûr noircit sur pied, & perd de sa qualité.

La maturité de la femelle, qu'on nomme vulgairement mâle, se connoît à celle de sa graine, & au jaune de la tige. Le chenevis est mûr, quand le plus grand nombre des grains est d'un gris-brun luisant.

En cueillant le mâle qui porte les fleurs, on confond toutes les tiges de quelque longueur qu'elles soient. On les met en poignées d'environ onze à douze pouces de tour on expose les poignées liées au soleil, en les ouvrant du bas & du haut pour sécher. Il faut les tenir droites, afin que le chanvre ne se courbe pas. Sec, on bat la tête sur une pierre, ou contre un arbre, pour ôter le reste de la fleur & des feuilles, on coupe l'extrêmité du haut, & celle des racines sur un bloc; ensuite on descend le lien de la poignée vers le pied; on le met en bottes de huit poignées, croisées ou béjevettées, liées à deux liens, & on le rentre séchement, ou on le porte au routoir. Le chanvre mouillé, en séchant noircit & heurdrit, le rouissage ne peut

peut éteindre cette tache & sa qualité y perd.

Le chanvre femelle se sépare en tiges longues, & en tiges courtes, en le cueillant; mises en poignées, on les dresse sur leurs pieds dans le champ : à-peu-près seches, on les rassemble en tas ou faisceaux, de dix à douze poignées, sans les presser, les plus hautes poignées dans le milieu. On couvre leur tête avec des herbes & des broussures de la cheneviere, afin de les préserver de la pluie & des oiseaux ; on bride cette couverture, afin que le vent ne l'enleve pas. Sous cette couverture, la plante femelle acheve de sécher & de mûrir sa graine, qui alors se détache mieux de la bale.

Si le temps n'a pas permis au chanvre de secher avant d'être en tas, on découvre ces tas, les jours où il fait beau, & on les garde des oiseaux. Au bout de huit jours, ou plus, le temps étant au sec, on bat la graine en plein air ; on étend les poignées battues; avant qu'elles soient seches, on en coupe les extrêmités comme au mâle; on bat la tête pour la purger des feuilles ; on descend le lien, on forme des bottes de huit poignées croisées, on les lie à deux liens, & on les resserre séchement, ainsi que le chenevis.

Du rouit, ou rouissage.

Le rouit du chanvre est une opération essentielle, & qui demande la plus grande attention; cependant c'est presque par-tout la plus négligée.

Avec de bons labours, des engrais, une terre passable & de la vigilance, on est à-peu-près sûr de récolter beaucoup de chanvre; mais un mauvais rouit peut en enlever du quart à moitié, encore ce qui reste n'a-t-il qu'une mauvaise qualité.

Trop roui, le chanvre est tendre & cassant; une partie tombe sous la broie & la palette, & en étoupe; pas assez roui, il est dur, plus difficile à mâcher, mais il décheoit peu: d'ailleurs, on corrige le moins roui, en l'exposant un jour, deux, ou plus, aux rosées sur le pré ou ailleurs. Lorsqu'il y est, retournez-le chaque jour, sans quoi les limaçons & les vers mangent la filasse.

On corrige encore la dureté, en le palettant ou en le pilant plus long-temps; mais il en reste, & puis il ne se purge pas aussi bien de chenevotte. La durée du rouit ne peut être fixée; elle dépend du climat, des eaux, du temps & du chanvre ; elle eſt plus longue dans les eaux de ſources abondantes que dans les ruiſſeaux ; dans les ruiſſeaux que dans les grandes rivieres ; dans les grandes rivieres que dans les eaux dormantes ; dans une eau claire que dans une eau trouble ; par un temps froid, que par un temps chaud : c'eſt toujours l'hiſtoire de cinq, ſix, ſept, huit, neuf, dix, onze & douze jours, & quelquefois plus.

Le chanvre vert, gros & long, ou qui a cru à l'ombre, eſt plutôt roui que tout autre ; le plus court & le plus fin, eſt celui qui demande le plus de temps.

D'après le temps, les lieux, les eaux & le chanvre, on doit viſiter plutôt ou plus tard le routoir : il vaut mieux y aller trois fois qu'une. C'eſt le cas de dire : ne remettez point au lendemain ce que vous devez faire la veille.

Le chanvre eſt roui, lorſque la filaſſe, en quittant la chenevotte de toute ſa longueur, forme le ruban ; il l'eſt trop, quand elle ne préſente qu'une eſpece de charpie, ou que le ruban ſe caſſe avec peu d'effort. Si vous n'êtes pas sûr de bien diſtinguer ce point, prenez conſeil des gens qui le ſavent mieux : douze heures de trop roui, peuvent occaſionner des pertes : vingt-quatre heures peuvent en occaſionner de grandes.

La filaſſe la plus blanche & la plus luiſante, eſt toujours eſtimée bonne, & ſe vend le mieux. La premiere de cès qualités, eſt due aux eaux courantes ; la ſeconde eſt due à la perfection du rouit.

Si les eaux courantes donnent la plus blanche, les eaux croupies des plus petites marres, ſans ſources, donnent la plus noire & la moins priſée.

On a rarement le choix des eaux ; mais quoiqu'un chanvre noir ſoit auſſi bon qu'un blanc, quand le rouit eſt bien fait, on doit pourtant préférer les courantes aux dormantes, lorſqu'on le peut, ſans ſe déplacer de trop loin, puiſque la filaſſe qui en ſort ſe vend plus cher.

Si vous n'avez ni rivieres, ni ruiſſeaux, ni étangs, tâchez de vous procurer de grandes marres. Si elles peuvent être entretenues par les eaux de ſources, ce ſera de vraies eaux courantes. En y faiſant paſſer un filet pour la renouveller continuellement, elle ne ſe corrompra point, & le chanvre y ſera blanc : il ſeroit dur, ſi un gros volume d'eau de ſource y entroit.

Tenez vos routoirs proprement ; net-toyez-les avant d'y mettre le chanvre, & conſervez pour vos chenevieres, les boues noires que vous tirerez du fond.

Dans les lieux qui manquent de ſources & de grandes marres, on peut y faire des retenues d'eaux de pluies.

Toute une Communauté y ayant intérêt, elle peut & doit louer les terrains, & faire les travaux néceſſaires en corps.

Le chanvre roui dans les eaux dormantes, peſe environ cinq livres de plus par cent, que celui roui dans les grandes eaux courantes.

Certaines eaux de ſources ont un inſecte qu'on nomme chevrette, qui coupe la filaſſe ; ſi cet accident arrive, ne vous ſervez plus de ces eaux.

Ne faites, comme on l'a dit, vos bottes que de huit poignées, de onze à douze pouces.

Dépoſez-les à trois de hauteur dans le rouiſſoir ou routoir, ſi la profondeur le permet ; preſſez les bottes l'une contre l'autre ; maintenez-les par des pieux, ou autrement ; couvrez le deſſus en paille ou en brouſſure de la cheneviere, & chargez-les à demi le premier jour, ſoit en pierres, ſoit en bois. Ne le faites en terre, que quand la plus grande néceſſité vous contraindra.

Le lendemain, dès le matin, achevez de charger, & faites-le de façon que la ſuperficie des bottes ſoit enfoncée ſous l'eau de deux lignes ſeulement.

Deux ou trois jours après, le chanvre commencera à s'élever hors de l'eau, en ſoulevant tout ce qui le charge; alors rechargez de nouveau, ſoir & matin, pour le tenir toujours à deux lignes ſous l'eau, ſans cela, il ne rouiroit pas également.

Le rouit fait, découvrez, déliez les bottes; prenez les poignées par la tête, & plongez-les droites dans l'eau pour les laver. Ne le faites point en les couchant, vous gâteriez la filaſſe.

Après les avoir ainſi lavées, dépoſez vos poignées ſur les bords du routoir pour égoutter. Si le rouit eſt parfait, ou un peu forcé, preſſez-vous de les étendre, en les dreſſant ſur leurs pieds & en cage; en retardant de le faire, le chanvre en égoût s'échaufferoit, & l'intérieur ſeroit trop roui.

Le chanvre parfaitement ſeché, remettez-le en bottes, & rentrez-le en lieu ſec. On peut le conſerver ainſi, tant qu'on le veut; l'âge l'adoucit & la vermine ne l'attaque point.

Si des pluies s'annoncent avant que votre chanvre ſoit parfaitement ſec, rentrez-le ſans le lier; poſez-le debout, & profitez du premier beau temps pour achever de le ſécher.

On a toujours de pluſieurs ſortes de chanvre dans une ſeule cheneviere, & tout au moins du court & du long, de la femelle & du mâle; mais ſouvent on en a auſſi du vert fin & long, & du vert gros & long, de cru à l'ombre, & d'autre en plein ſoleil.

Comme le temps du rouit n'eſt pas le même pour chaque eſpece, ſéparez-les; ne les tirez du routoir que ſucceſſivement, & après le temps néceſſaire. La différence de temps eſt de douze, vingt-quatre & trente-ſix heures, & quelquefois de plus; ſans cette attention, vous aurez toujours du chanvre bien roui, du pas aſſez & du trop roui.

Le temps du rouit ne doit point paſſer le quinze Octobre; plus tard, on a ſouvent beaucoup de peine à faire ſécher le chanvre. Si les pluies ſont fréquentes, il ſe rouit avec excès, & l'on ſoufre de gros déchets: il vaut mieux attendre le printemps.

Si vous n'avez point de place pour loger

vos chanvres, rouis ou non rouis, faites-en des meules, comme on le fait vers Noyon; mais couvrez-les bien pour les préserver de la pluie.

Le chanvre à graine est moins de temps à rouir, que le chanvre à fleurs; le vert & gros, moins que le vert & fin; le vert moins que le jaune; le long moins que le court, & la patte moins que la tête.

Le temps du rouit, en Août, est de cinq à huit jours; en Septembre & Octobre, de neuf à quinze.

Cette opération peut se faire à la rosée, & sans routoir, mais elle demande beaucoup d'attention & de peines. On a plus de blancheur, mais ce n'est point une indemnité; & puis, on a beaucoup à craindre des insectes qui le rongent.

Dans les environs de Meaux, il y a des Rouisseurs publics fort instruits à ce sujet par une longue expérience. On pourroit aussi en établir ailleurs; ce seroit un avantage pour les campagnes & pour l'Etat, car les défauts du rouit, font sûrementun tort de plus d'un sixieme sur chaque récolte, si cela ne va au quart. Pour placer, charger, veiller, laver & tirer le chanvre du routoir, on ne donne aux Rouisseurs publics que deux liards par bottes, ou cinquante à cinquante-cinq ſous du cent.

Du mâchage ou broyage.

ON ſépare la filaſſe de ſa chenevotte de deux façons : en la teillant & en la broyant. La broie ou mâchoire eſt préférable ; elle fait le travail de quinze ou vingt perſonnes : on a quelque déchet, mais il eſt plus que compenſé par le gain du temps.

Il faut pourtant dire qu'on eſt forcé de teiller le chanvre roui qui a plus de ſept à huit pieds.

Le chanvre ſéché au ſoleil, eſt plus doux & plus peſant que celui qui paſſe au four.

Les défauts communiqués par le four, outre le moins de poids, ſont de rendre la filaſſe ſeche, caſſante & moins forte. Ces vices ſont ſi ſenſibles, que les Bourbatiers, ou petits marchands de chanvre, reconnoiſſent celle qui a paſſé au four les yeux fermés. Sa pouſſiere eſt auſſi plus incommode pour ceux qui le peignent. Voilà de bonnes raiſons pour proſcrire le chanvre des fours, ſi les incendies qu'il occaſionne n'en étoient une ſuffiſante.

Dans les lieux où les ſéchoirs manquent, il eſt facile de s'en donner. Un rocher, un chemin cavé, un petit monticule, une pente au midi, ſont autant de places propres pour en établir. En le faiſant, éloignez-les à quelque diſtance des chaumieres. (1)

Du palettage, ou eſpadonnage ou pilage.

On a deux manieres de faire cette opération, dont le but eſt d'adoucir la filaſſe & de la purger des parties de chenevottes qui reſtent après le broyage.

La premiere ſe fait avec une palette de bois, ou de fer, qu'on nomme eſpadon; ſur une planche tenue debout.

La ſeconde ſe fait au maillet, dans une auge, ou ſur un bloc bien uni.

Cette derniere eſt de beaucoup préférable à l'autre; elle eſt moins ſuſceptible de déchet, elle diviſe & adoucit plus, & laiſſe moins de chenevotte.

Lorſqu'on palette à la lumiere, on doit la tenir dans une lanterne, ou la placer de façon qu'aucune étincelle enflammée, ne tombe ſur le plancher; car le duvet

(1) On nomme ſéchoir, un endroit propre à faire ſécher le chanvre avant de le broyer.

qui le couvre, provenant du chanvre, prend feu comme la poudre à canon, & peut le communiquer en un clin d'œil à tout ce qui est combustible.

On a encore l'habitude de mettre le chanvre au four pour le paletter. Outre le danger du feu, on ne peut que dessécher la filasse, & lui ôter sa qualité. Le plus grand but du palettage, c'est d'adoucir, de diviser : le plus grand mal, en ne mettant pas la filasse au four, c'est qu'il y reste quelques chenevottes ; mais le peigne les fait ensuite tomber. Le palettage terminé, la filasse se met en bottes, & alors on le nomme chanvre brut, ou en branches ; c'est en cet état qu'on l'offre aux acquéreurs.

Du rapport des terres mises en Chenevieres.

On va presque toujours chercher au loin ce qu'on a sous la main : c'est souvent faute d'idée & de réflexion, qu'un homme laborieux manque d'ouvrage. Que lui faut-il pour s'en procurer ? un peu de terre. Eh ! où n'y en a-t-il pas ? On l'a dit ci-devant, la culture des grains ne peut donner que de foibles avantages aux Cultivateurs à bras ; pour qu'il en trouve, il faut qu'il cultive des plantes qui croiſſent annuellement ſur un même terrain, qui demandent des ſoins, beaucoup de préparations, & dont la vente ſoit aſſurée : tel eſt le chanvre, dont la conſommation ne fera qu'augmenter, tant que notre commerce fleurira.

Mais cette plante n'eſt pas la ſeule qui convienne au Cultivateur à bras, il y a encore le lin, le houblon ; dans les Provinces où l'on conſomme beaucoup de bierre, le ſafran ; lorſqu'on a des terres très-douces, la garance, la gaude, le paſtel ; les haricots, les pois dans les terrains précoces, la fêve des marais & l'artichaut, quand on ſe trouve près des grandes villes : le tabac, ſi on le permettoit ; le chardon à foulon, proche des manufactures de laine ; l'ail proche des côtes de la mer & des ports ; tous ces objets demandent des ſoins que ne peut leur donner la grande culture, & pour occuper un ménage, il faut peu de ſuperficie de terre. Mais revenons au chanvre, & voyons ce qu'un arpent, meſure de Roi, peut produire année commune.

Les terres de la premiere qualité pour cette plante, ſont, comme on l'a dit ci-devant, les marais deſſéchés à tourbes terreuſes ; le bord des grands marais tourbeux qui ne ſont pas deſſéchés.

Les terres ou les fromens verſent fréquemment.

Les anciennes chenevieres placées en bon fond.

Celui des étangs.

Tous les lieux ſourcieux, frais & humides.

Les ſables noirs, frais.

Celles de la ſeconde qualité ſont : les terres ordinaires à froment.

Les jacheres des bonnes terres à froment.

Celles de la troiſieme qualité ſont, toutes les terres légeres qui ont du fond.

En prenant les ſoins preſcrits, la premiere qualité de terres, rendra de 8 à 1400 livres, poids de marc, de filaſſe prête à ouvrer, par arpent.

La ſeconde de 600 à 1000 livres.

La troiſieme de 4 à 700 livres.

La filaſſe brutte, vaut aujourdhui de de 4 à 12 ſ. la livre, ſuivant les lieux où l'on ſe trouve; ainſi le prix moyen eſt de 8 ſous, on ne le comptera qu'à ſept ſous.

A ce prix, la premiere qualité de terre donne . . . . . . 385 liv.

La ſeconde . . 280 liv.

La troiſieme . . 192 liv. 10 ſ.

On n'a pas compté le chenevis excédant la ſemence ; on le paſſe pour le loyer de la terre, quoique ſouvent il vaille mieux ; mais dans les lieux où l'on ſeme beaucoup de chanvre, il vaut quelquefois moins.

On ſent qu'il y a ici à augmenter & à diminuer ſur le prix de la filaſſe, ſuivant les poſitions où l'on ſe trouve ; mais, comme les terres ne ſe louent par-tout que dans la proportion de ce qu'elles rendent, elles ſeront moins cheres, là où le chanvre ſera moins cher.

Que le Propriétaire faſſe tout par lui-même, le moindre arpent en chanvre de la troiſieme qualité, lui occaſionnera pour 100 liv. de journées ; la ſeconde qualité pour 160 liv., & la premiere pour 220 liv. Pour les mêmes objets, le cultivateur employera, au plus, trois ſemaines de ſon temps aux plus gros travaux, le ſurplus ſera fait par la femme & les enfans.

En vendant la filaſſe du mâle, on tirera du linge & des vêtemens de la femelle, & de la graine de quoi s'éclairer.

Si les propriétaires des terrains humides ne veulent pas faire les frais du défrichement, les Journaliers peuvent s'en charger, en louant pour dix-huit, vingt-ſept, ou trente-ſix ans. Ils le peuvent d'autant mieux, que le Roi dispense d'insinuation les baux à longues années, qui ont pour cause une amélioration.

L'étendue de la cheneviere doit être, quand on le peut, dans la proportion des journées dont on manque, du nombre & de la force des enfans qu'on a ; c'est-à-dire, depuis un quart d'arpent, jusqu'à un arpent & demi. Il y a près de Meaux, des familles qui en cultivent deux sans trop de gêne. Cependant il ne faut pas en prendre au delà de ses forces : qui trop embrasse, mal étreint.

En cultivant le chanvre, réservez-vous une portion de terrain pour les haricots, vous y trouverez une ressource pour l'automne & pour l'hiver.

FIN.

www.ingramcontent.com/pod-product-compliance
Lightning Source LLC
LaVergne TN
LVHW020559230826
846091LV00002B/541

* 9 7 8 2 3 2 9 3 8 4 6 7 2 *